U0940379

赢在对话

如何说如何听

HOW TO SPEAK HOW TO LISTEN

[美] 莫提默·J. 艾德勒 著

周成刚 译

译者序

30 年后重译这本书，有不少感悟和思考，我和这本书的因缘也有必要向读者做一个交代。

1984 年，我大学毕业，留校任教。80 年代流行的事不算多，读书却蔚然成风，大家渴望了解外面的世界。从西方译介过来的书，尤其是人文书籍，都特别受年轻人追捧。无论看得懂看不懂，大家都热衷于讨论，这种讨论在大学校园里常常持续到凌晨，讨论中谁能搬出几个学界的大师或名人，再引用几句作者的金句名言，其他人就会肃然起敬，啧啧称羡。我就是其中一位称羡者。

在大学里任教，每周的教学任务不算重，平时总有时间在外国语学院的教师图书室里浏览，也能接触到不少英语原版图书，很多书都是当时市面上不常见到的哲学和文学名著。受当时读书风尚的影响，也自觉有中英文的优势，于是我萌生了译书的冲动，想把自认为或读过的好书翻译介绍给更多的中国读者，也想由此让自己从一个被动的羡慕者变成一个主动的参与者。于是，我和很多青年教师一样，跃跃欲试。

80年代末的一天，有位同事告诉我说读到一本不错的书，让我帮忙判断一下是否值得翻译成中文。我大致阅读了该书的前言和目录，感觉这本书就是冲着我这种想读书又不会读书的人来的，而且相信像我这样的蹩脚读者也绝非少数。于是，说干就干，我和这位同事连夜翻译样张，提炼整书的概要，最后在方格纸上誊写清楚，一切准备就绪。然后问题来了，去哪里投稿呢？找谁联系呢？苏州当地没有像样的出版翻译作品的出版社，我们也没有认识的渠道，更是没人帮助推荐，唯一有的就是译书的激情和决心。无知者无畏，我们决定干脆投稿到上海译文出版社，琢磨着这是一个大社，出过很多家喻户晓的名著名译，社里的编辑一定独具慧眼，能看到这本书的价值，加上上海离苏州不远，方便联系。于是，我们就抱着试一试的态度把样稿投出去了。接下来就是杳无音信的等待。

不知道最终是我们的信念感动了编辑，还是书的内容确实切合时代的需求，我们居然收到了出版社的答复，并要求我们尽快启动，甚至可以考虑删除原书的附录，加快出书进程。接下来就是连续几个月的废寝忘食，挑灯夜战了。我已经记不清当时一共花了多少时间把书稿译完的，我和同事分别负责一半内容，全书约 30 万字。我们在方格纸上翻译一遍，老师帮我们修改一遍，最后我们再重新誊写一遍，其中的苦和乐也只有译者自己能够体会。就这样，我参与翻译的第一本书终于在 1991 年 10 月由上海译文出版社正式出版。这本书就是《如何阅读一本书》，它是美国哲学家、教育家莫提默 · J. 艾德勒的经典名著，也是他出版的众多著作中重印次数最多的一本。

真是无巧不成书，几年后，另一位同事在图书馆找到了《如何阅读一本书》的英文姊妹篇《如何说 如何听》。我们既激动又兴奋，琢磨着这又是一次尝试的好机会。要知道八九十年代，年轻人能有机会发表自己的文章或译文，是一件多么让人自豪又让人羡慕的事。我至今依然觉得，能把一种语言转换成另一种语言，把原作者的思想和观念介绍给另一种语言的读者，这是一种多么神奇、又有意义的跨文化交流呀。你看，即使是几十年前，甚至上百年前翻译成中文的一些优秀名著，至今还有很多读者在拜读研讨。由古及今，从苏格拉底、笛卡尔和康德，到罗素、黑格尔和维特根斯坦，从哲学、文学和历史，到音乐、艺术和美学，我们多少次思想启蒙都和翻译引进的书籍分不开。于是，我们有了和上海译文出版社的第二次合作，该书于 1995 年 12 月正式出版。随着这两本书的顺利出版,我也成了一个真正的翻译新手。这下如愿了吧？当然没有。

首先，出于当时的实际情况，很多海外书的引进和出版并不正规，出书求快不求精，所以这两本书出版的时候都把附录给删掉了，现在想想实在不应该。其次，当时的出版印刷业正处于向数字化转型的前夜，大部分书还是传统的铅字印刷，排版费时费力，印刷效果差，加上纸张、设计和装帧也没有现在这样考究，所有这些不利因素都直接影响了书的品质和阅读体验。再则，由于当时的媒介远没有今天发达，两本书出版后都没有得到太广泛的传播，也就谈不上发挥它们应有的作用了。

你可能会问，这两本书后来没有出别的译本吗？这就是我接下来要回答的问题。我和我的两位前同事确实是这两本书最早的大陆译者，但这两本书后来在国内都有了新译本。《如何阅读一本书》的新译本是 2004 年出版的，应该是从台湾引进的一个译本。不可否认的是，这个译本卖得很好，但批评声也不少。卖得好可能是因为这本书的内容确实经典，在科技和人工智能发展日新月异的今天，书的核心内容丝毫没有过时，今天的读者依然受用。真正意义上的积极阅读，不仅让我们增长知识、提升理解力，更重要的是促进读者与伟大著作的思想交流，最终可能会坚定或改变我们的观念和立场，从而使我们成为一个真正受过教育、能独立思考的人。说它在豆瓣上的批评声不少，是因为今天读者的中英文水平在不断提升，他们的鉴赏力和批判力也在提升，这是一件值得庆幸的事，也会反过来推动翻译事业的进步和发展。说到这里，我必须补充一句，我绝不是说我的第一个译本更好，可能正是因为当时的传播不够广，所以我就幸运地逃脱了读者的犀利批判。我只是想说，这么一本经典的书，如果翻译不尽如人意，多少有点遗憾。这也是我这么多年一直有重译这两本书的念头的原因。

说来你也许不相信，我曾经托朋友去询问过该出版社，自荐是这本书的首译者之一，表示愿意重新翻译这本书，既想修正自己的旧译文，也想弥补其他译本的缺憾，至少可以不再重蹈覆辙，少犯一些不该犯的错误。可惜我的建议被婉拒了，我也只得作罢。我知道翻译是一件吃力不讨好的事，自己也经常在读一些译著时感到云里雾里，最后被迫放弃，甚至干脆去找英文原版书读。我知道我没有资格去埋怨这些，但确实希望有越来越多的好译作，至少能让人一口气读下去，能读懂读通。既然暂时没有机会重译《如何阅读一本书》，那么它的姊妹篇《如何说 如何听》有没有重译的机会呢？这本书在我之后有两个译本，书名略有差异，但其实都是同一本书。

第一个译本就是来自出版《如何阅读一本书》的出版社，该社于2008年正式推出了它的姊妹篇《如何听如何说》。这个译本的版权到期后出版社应该没有续约，原因到底是书的销量不尽如人意，还是译本不受欢迎，我不得而知。不过，这个中译本的部分内容我对照英文版本读过，译文里确有张冠李戴的现象，把麦尔维尔的小说《比利·巴德》误译成他的另一部小说《白鲸记》，把亨利·乔治的《进步与贫困》翻译成了《进步与财产》（英文中财产和贫困这两个单词的拼写有点相似），至少这类错误原本是可以避免的。后来，另一个出版社又出了一个新译本，这个译本我没有细读过，但我发现这个译本将书的附录Ⅱ删除了，这是一篇有关如何有效组织及推进苏格拉底式问答研讨会的范例文章，和正文的读书方法论前后呼应，可以说写得相当精彩。该书译者和我当初一样，删除了这个附录，实在可惜。不管怎样，这个出版社购买的版权也到期了，所以我今天终于有机会重译《赢在对话 如何说如何听》一书。

为什么要在30年后坚持重译这本畅销书呢？原因有如下几点：

1. 90年代中期，自己还只是一个血气方刚的年轻人，虽有读书和译书的热情，但理解力有限，生活阅历不够，见识浅薄，文字表达更是力不从心。当时的译文今天读来确实显得幼稚，有些地方甚至有点滑稽可笑。随着年龄和阅历的增长，自己有了一种莫名的责任感，总想把过去没有做好的事重新做一遍。加上现在还有互联网的加持，能帮助我们解决不少翻译理解中的困惑，所以总觉得应该能比以前翻译得更好。一旦有机会，总想出一个更加负责的全译本。

2. 别人的两个译本各有千秋，但有一点似乎译者都没有过分在意。那就是原作者的行文风格，本书作者艾德勒是20世纪一位著名的教育家和哲学家，他一辈子从事教育和哲学研究，一辈子都是在为普通读者写书，倡导通识教育，倡导通过阅读西方世界的伟大名著来提升思辨力。他的巡讲、电视节目或是著作都体现出了其他作者所不及的普适性和严谨性。前者更多体现在他对大众教育一以贯之的关注上，后者体现在他的行文风格上，那就是一个哲学家谈教育问题时体现出的严谨。他的文字表述虽然通俗易懂，但对许多关键词的定义却始终一丝不苟，阐释更是环环相扣、有条不紊。希望我的译文不是随心所欲、松松垮垮的转译，而多少能够体现出作者这种严谨的写作风格。

3. 最重要的还是本书的内容。我相信，无论世界如何变幻莫测，技术发展如何日新月异，人工智能如何一日千里，真正的对话始终是人类生活中最重要的组成部分之一，也是我们人类区别于动物和所有智能机器最重要的标志之一。这种对话每天都在发生，也无时无刻不在影响着我们的生活、学习和工作。试想一下，我们和朋友间的谈话、家庭成员间的聊天、课堂上老师和同学的问答、读名著时与主人翁的情感交流、公司会议上的讨论、网友的互动，甚至政府间的谈判，这些都离不开真正的对话。成功的对话不仅能让我们受益良多，还能让我们身心愉悦，最关键的是，它还将提升我们倾听别人说话和表达自己的能力。这种富有成效的信息交流、思想交汇与观念碰撞，直至探索真理的对话，无疑会让我们的个人生活和我们生活的这个世界变得愈加美好。这或许就是作者当初撰写这本书的动机，也是我 30 年后重译这本书的动力。

交代到这里，心中依然抱有一点遗憾和一点担忧。遗憾的是，不知道未来还有没有机会重译《如何阅读一本书》。它和《如何说 如何听》是姊妹篇，希望它们有一天能以崭新的面貌一起出现在读者面前，而它们的译者是 30 年前就喜爱它们，今天依然没有忘怀它们的我。担忧的是，虽然过去几十年来自己也在努力学习，砥砺前行，但问学之路漫长，不知道我今天的译文再过 30 年来读，会不会又是那般幼稚可笑呢？！

就此打住，是为译者序。

周成刚

2025 年 1 月 18 日 于北京

目录

第一部分

开场白

第一章　无人传授的技能

你如何与他人进行思想交流？他人又该如何对你的努力做出回应？

有时是通过哭喊、面部表情、手势或其他肢体信号，但大多数情况下，是通过使用语言——一方面靠写和说，另一方面则靠读和听。

这四种使用语言的方式可分为平行的两组：写和读是一组，说和听是另一组。显然，每一组中的两种方式都是相辅相成的。写的东西没人读等于白写；说的话没人听也只能是白费口舌。

大家都承认，总有些人比其他人更会写。他们或者因为天资聪慧，或者因为勤学苦练，或者因为两者兼备，总之写起东西来要比别人技高一筹。然而，即使写得再好的东西，一旦落入不善阅读的读者手中，也成了无效的文字。我们都意识到，阅读能力是需要训练的。我们也承认，有些人的阅读本领要远远高于其他人。

说和听的情况也是如此。有些人有天赋，比别人更加能说会道，但若要使这种天赋得以充分发挥，训练仍不可或缺。同样，听的技能若非天赋异禀，那也必须依靠训练才能获得。

一个人的思想触达另一个人的思想，这个过程包含上述四种明显不同的行为。要使这一过程卓有成效，就得讲究这四种行为的技能。这些技能中，有多少是学校教过你的？又有多少是你的孩子正在被教授的呢？

你或许会不假思索地回答，学校老师教过你读和写，你的孩子们现在也在学习这些技能。你也许还会立即补上一句，虽然你认为所受的训练没有达到应有的水准，但在小学阶段，学校在阅读和写作指导方面至少做了一些努力。

写作指导不会停留在小学阶段，它会持续到中学甚至大学的早期阶段。但阅读方面的指导却很少会在小学阶段之外继续下去。当然，它是应该继续的，因为初级的阅读技能对于理解那些极为值得一读的书籍来说是完全不够的。正因如此，40 年前我撰写了《如何阅读一本书》，目的无非是想在阅读技能方面给人们提供远超出小学阶段的指导——一种大多数中学和大学都缺乏的指导。

说话的指导如何呢？我怀疑是否有人能记得在小学进行读写训练时曾得到过此类指导。除了某些中学和大学可能专设所谓的“公开演讲”课程和给有语言障碍的人提供帮助以外，在我们的学习过程中，没有哪个阶段会给你提供说话的一般技艺的指导。

听的情况又怎样呢？有谁在哪里学过如何倾听吗？人们普遍认为，善于听的能力是一种无需训练的天赋。这真叫人不胜惊异！在整个教育过程中，没有哪个阶段曾有人做过些许努力来帮助人们学会如何更好地倾听——至少应达到足以和他人沟通的程度，使谈话成为一种卓有成效的交流。这个事实着实让人惊诧不已！

出现这种令人惊奇和诧异的事是因为这样一个事实：说和听这两种一般无人教授的技能比与之平行的写和读的技能更难学也更难教。我认为我能够说明个中原因，下面我就来谈谈这个问题。

人们普遍感到不满的是我们中学和大学毕业生的读写水平，即使有听说水平方面的抱怨，也并不多见。然而，不管那些有幸受过12年或更多年教育的人如今的读写水平有多低，他们大多数人的说话水平其实更低，而最低的要数听的水平了。

在谷登堡和印刷机出现之前的诸多世纪里，说和听在一个人的教育中所起的作用远远超过写和读。情况必然如此，因为在缺乏印刷品且只有极少数人才拥有手抄本的情况下，那些接受过某些教育的人们——或者从私人教师那里，或者在古代的经院里，又或者在中世纪的大学里——只能靠聆听老师的口头讲授来进行学习。

在中世纪的大学里，老师即讲师，但“讲课”的含义与现在常用的含义有所区别。只有老师才拥有书籍的手抄本，上面记载着要传授给学生的知识和心得。正如“lecture（讲课）”这个词的词源所示，讲课包括一边高声朗读课文，一边评论朗读的内容。因此无论学生学什么，全都靠耳朵听，听得越好，学到的东西就越多。

在牛津、剑桥、巴黎、帕多瓦和科隆这些著名的中世纪大学里，基础教育涉及古人最初称作“人文学科”的各种技艺或技能训练。一方面，这些技艺包括处理语言相关的多种技能，另一方面，也包含与数学运算和符号运用相关的技能。

柏拉图、亚里士多德以及中世纪的大学都同样认为，语法学、修辞学和逻辑学是人们学习如何在读写和听说过程中有效运用语言的必备技能。而算术、几何、音乐和天文学是学习如何测量、计算和估算所必须掌握的技能。

这七门人文学科是中世纪学生为获取文学学士资格必须熟练掌握的。bachelor（学士，单身汉）这个词并非表示他们都是对婚姻奥秘一窍不通的未婚男子。相反，它意味着他们已在学问方面登堂入室，可以在法学院、医学院或神学院学习更高阶段的大学课程了。

文学学士学位是一张准入证，一张进入更高等学问的通行证。它并不意味着获得这一学位的人已经满腹经纶，只是表示他们已经掌握了学习的技能，即使用语言和其他符号的技能，因而已成为合格的学习者。

今天，使用“人文学科”这个词或提及人文教育的大多数人，完全不了解人文学科过去指什么，以及它们在古代和中世纪教育——我们如今所谓的基础教育——

中所起的作用。

其中的一个原因是，在进入现代的过程中，人文学科已从课程中消失殆尽。

任何人只要查阅一下 18 世纪美国教育机构的课程表，就会发现课程中仍会讲授语法、修辞和逻辑，它们当时仍被看作使用语言的艺术或技能——即使不包括听的技能，至少也包括写、说和读的技能。

到 19 世纪末，语法课依然存在，但修辞和逻辑课已不再是基础教育的组成部分。到了 20 世纪，连语法课也逐渐销声匿迹了，虽然时不时还能看到一些残留痕迹。

被公认为基础教育组成要素的人文学科已被英语课取而代之。现在，是英语老师在教授初级阅读课以及初级和更高级别的作文。不幸的是，这些作文课强调的是所谓的“创造性写作”，而不是旨在传递思想——观念、知识或心得——的写作。有些学生会接受公共演讲指导，但这种指导完全缺乏有效讲话所必需的所有技能。正如我前面所说，在听的方面，谁也没有接受过任何指导。

那些抱怨现在大多数大学毕业生和中学毕业生读写水平低下的人犯了这样一个错误：他们认为这些缺陷如果得到弥补，一切都会迎刃而解。他们认为，如果一个人掌握了良好的读写能力，自然就掌握了良好的听说能力。可实际情况并非如此。

个中原因是说和听完全不同于写和读。这种差别使得人们更难掌握说和听这些必要的技能。下面我来解释一下。

表面看来，说和听似乎完全平行于写和读，两组技能都涉及语言的使用，借助语言让一个人的思想传递给另一个人，另一个人则做出回应。如果一个人能用文字很好地做到这点，那么他用说话的方式做到这点又有何难？如果一个人能够很好地对文字做出回应，为什么就不能同样对讲话做出回应呢？

不能这样的原因是，口头交流具有流动性和流畅性。你永远可以回过头去重读自己读过的东西，直到把它读懂、读透。你可以靠一遍遍的阅读来无止境地提高你的阅读水平，我自己在阅读名著时就是这样做的。

在写作时，你永远可以修改和润色自己所写的东西。任何作者都不需要把自己的作品拿给别人看，除非自己对作品已经感到满意。这也是我著书和写其他东西的部分经验。

就读和写而言，必不可少的技能要素就是懂得如何完善自己的阅读和写作。这种要素在获得说和听的技能时却不起作用，因为说和听如同表演艺术，转瞬即逝，而写和读则不然，它们更像绘画和雕塑，其作品永远都在。

试想演戏、跳芭蕾舞、弹奏乐器或指挥交响乐队这些表演艺术。就所有这些表演艺术而言，表演一旦结束，便无法改进。艺术家也许可以在以后的演出中做出改进，但是在登台演出时，这个节目就应该尽善尽美。一旦幕布落下，演出结束，一切就再也无法补救。

说和听的情形毫无二致。你可以回过头去加工你所写的东西，但你无法回过头去修改你所说的话。与写不同，源源不断说出来的话一般是无法补救的。说出来的话还想收回，结果往往会更让人摸不着头脑，还不如将错就错随它去。

有准备的演讲在发表之前当然是可以修改的，就像一篇文章那样。临时或即兴的讲话则不行。

你也许可以在以后把话讲得更好些，但是在某个特定的场合，你的口才无论多卓越，都必须在当时当地即兴发挥出来。同样，听的能力在特定的场合也是无法改进的，当时当地是什么样的水平就只能是什么水平。

作者至少可以希望读者花必要的时间去理解他的文字信息，但说话者却不能抱这种奢望。他必须力图以某种方式使想说的话让人听一遍就能充分理解。说和听的时间跨度是一致的，两者同时开始、同时结束。写和读则不然。

读和写以及听和说之间存在的所有这些差别，也许就是我在《如何阅读一本书》之后没有立即撰写一本关于如何听的姊妹篇的原因。我把这项艰巨得多的任务推迟了四十多年，但我认为我不该再向后推迟了，因为我已经清楚地意识到了各方面反映出来的、几乎是普遍存在的倾听方面的缺陷。

阐述良好阅读的规则和指导时，可以不包括良好写作的规则和指导。我在《如何阅读一本书》里便是这样做的，这样做是有正当的理由的，因为我当时关心的主要是阅读那些最优秀的书籍，当然了，它们都是写得很好的作品。

当我们把话题从书面论述转到口头表述时，面临的就是一种不同的情况了。你可以分别来对付写和读；事实上，我们在学校里就是这样做的。但是在说和听上，这就行不通了，如果不是出于其他原因，那就是因为说和听主要出现在交谈或对话中，那是一种双向活动，我们在其中既是说话者，又是倾听者。

单独倾听连续不间断的讲话是可能的，这种技能在不掌握听的技能的前提下就能够习得。同样，单独应对缄口静听也是可能的，这种技能在不掌握说的技能的前提下也能习得。但是，如果不掌握良好的说和听的技能，就不可能习得对话，即交谈或讨论的技能。

第二章　个体行为与社交行为

我们同他人进行的思想交流可以是单独的，也可以是群体的。我们利用余暇去消闲也可以做同样的区分。我们的消闲要么是完全独立进行的，要么是有人陪伴并由他们配合进行的。

我们和别人进行的思想交流似乎总是社交性质的而不是个体性质的。独立思考似乎只限于那些并不牵涉他人思想的情况，例如研究自然现象、考察我们这个社会的习俗，或者探索过去和展望未来。

但是，读和写无疑是可以单独进行的，实际情况常常就是这样——独自一个人关在书房里、独自埋头伏案或独坐在椅子里读书和写作。写作时我们是在和别人的思想进行对话，这一事实不能使写作本身成为一种社交行为。阅读也是如此。通过作者写在纸上的文字去了解他们的思想也不能使阅读成为一种社交行为。

与通常单独进行的写和读相反，说和听则始终是社交行为，而不可能是别的。它们总是涉及人的交往与接触，通常要有别人在现场，讲话者说给现场的听众听，而听众则听现场的讲话者说。这就是说和听比写和读更加复杂的原因之一，而且为了让说和听变得更加高效，对它们的把控也会变得更加困难。

尽管说和听始终具有社交特性，但它们的社交性有可能中止，也可能得以实现。当说和听的一方受到抑制时，社交特性便中止。出现这种情况时，那就成了单方面的连续不间断的讲话和另一方的缄口静听。这有点像单行道，所有的车辆都朝一个方向行驶。

这种情况也出现在如下场合：向公众演讲、向董事会或委员会做汇报、老师给学生做讲座、公职候选人向选民发表正式演说，以及某人在晚宴上侃侃而谈；他们都在一段时间内控制了每个人的注意力。这些都是各种类型的“单行道”。

现在，公开演讲、讲座和政治演说能够通过电视这个媒介连续不断地向四面八方的缄口静听者播出，这只是单方面改变了上述情形。当缄口静听者和滔滔不绝的讲话者同处一个现场时，始终存在着单行道开放为双行道的可能性，即静听者有可能向讲话者发问或评论他所说的话以引起讲话者的一些回应。而当静听者坐在电视屏幕前时，这种情况就不可能发生。

当不间断的讲话和缄口静听变成谈话、讨论或对话时，说和听的社交特性不是中止，而是实现了。我刚刚使用了“谈话”“讨论”和“对话”这三个词，意思大同小异，几乎可以互换使用。三者的共同之处在于它们都是“双行道”，参与者既是说话者又是倾听者，交替变换自己的角色。

我最初酝酿这本书时，打算给它起名为《如何谈话和如何倾听》。我很快便意识到，谈话始终包含说话，而说话则未必总包含谈话。我们对别人“说话”，但当我们在“说话”的同时也需要去倾听别人说话时，我们就是在同他们“谈话”了。我们只说“让我们一起来谈谈”，却从来不说“让我们一起来说说”。

“谈话”这个词有时被误用为“发言”的同义词，

比如有人用“我应邀去发表谈话”来代替“我应邀去发表讲话”。严格地说，你无法发表谈话。要谈话也可以，那就一定要有别人来和你谈话。然而你可以发表讲话，哪怕现场的听众只是装作在听你说话。

“讨论”一词不会出现这种误用。我们总是用它来指说话者和倾听者轮流换位的双向行为。

“讨论”和“对话”的含义在概念上有一点不同：讨论是为了明确的甚至公开的目的而开展的对话，以达到既定目的，它是受到某种引导或控制的。所有的讨论都是对话，但并非所有的对话都是讨论，因为对话往往没有特定的目标，很少或者甚至没有引导或控制。

“对话”是我使用得最频繁的一个词，因为它的应用范围最广，包罗万象，既可以指有明确目的又受到严格控制的讨论（甚至包括正式的辩论或争论），又可以指最漫无目的的闲谈（比如鸡尾酒会上的闲聊或者我们有时所说的拉家常）。

“交流”是社会科学家和电子学专家使用的一个行业术语，他们发展了复杂的“交流理论”。所幸，并不存在什么“对话理论”，这就是我更喜欢用“对话”而不用“交流”一词的原因。

野兽之间有各种各样的交流，但没有对话。一个物体向另一个物体发出信号，而另一个物体接收到该信号并以某种方式做出回应，这也可以被称作交流——这一说法也确实有其道理。但发出信号和接收信号并不是对话、谈话或讨论。野兽之间不进行谈话，也不会开展讨论。

在探讨对话时，我想保留交流的一个属性，即交流涉及的社群概念。没有交流就不存在社群。人类不进行相互间的交流，就不可能形成社群或者过上共同的生活。

这就是对话、讨论或谈话成为说和听最重要形式的原因所在。如果说和听的社交属性总是中断，就像一边是不间断的讲话，一边是缄口静听那样，那么说话者和倾听者中间就几乎或根本不存在交流互动。人类生气勃勃的社群，需要人类在说和听的过程中充分实现社交互动，而不是让这种互动中止。

在某些方面，书面交流与对话的“双行道”类似，例如两人在书信往来中你写什么我就真诚回复什么的持续通信，以及作者对负面评论提出质疑并引发批评者反驳的唇枪舌剑。

本书由三个主要部分组成，它们同我划分的说和听的三种形式相吻合。第二部分会论述不间断的发言；第三部分论述缄口静听；第四部分论述交谈。在这三种形式中，第三种形式最为重要，也最难做好。

交谈可能是有目的的，也可能是闹着玩的，并且它可能会从一种状态转变为另一种状态。闹着玩的时候，对话相对不用动脑筋，闲聊通常就是这样的。但即使交谈是闹着玩的时候，也可能会涉及各种想法，并富有真知灼见。

有时候，交谈相对无拘无束，如在宴会上或客厅里。有时它又受到严格控制，如商业谈判、商务会议、各种正式会议、政治辩论、学术争论、教会会议、理事会会议或其他宗教秘密会议，以及今天已极为罕见的以讨论方式进行的教学活动。

我在本章的开头部分曾说过，我们利用余暇消闲的方式可以分成个体的和社交的两类。烹饪、做木工、搞园艺，如果做这些是为了乐趣，即出色完成工作带来的满足感，而不是为了利益，那它们就是个体消闲的例子。同样，写作和阅读、看画、听音乐、旅行和观察，以及最重要的思考，这些也都属于个体消闲活动。

社交属性极强的消闲活动则包括一切友谊行为，尤其是各种各样的交谈。在我看来，进行良好的交谈——既令人开心又使人受益的谈话——是人类利用余暇的最佳方式之一。通过这样的交谈，他们在其他消闲活动中收获的许多东西也会得以充分实现，这是这些休闲活动的真正圆满的结局。

所以，对人类来说，丰富他们的生活是极其重要的，人们应该拥有进行良好交谈所需的技能，同时拥有意愿和动力，主动将大量余暇投入其中，以此取代他们现在为了打发时间而进行的很多无聊活动。

第二部分

不间断的发言

第三章 “那只是修辞！”

第一颗原子弹爆炸后不久，芝加哥大学的哈钦斯校长成立了一个世界宪法起草委员会。在组成该团体的杰出人士中，有两人性格截然相反。一位是芝加哥大学意大利文学教授、著名诗人朱塞佩·安东尼奥·博尔杰塞，另一位是性格稳重、讲话乏味、注重事实的哈佛法学院院长詹姆斯·兰迪斯。

有一次活动，我也在场，博尔杰塞教授就一个他非常关心的话题给同事们发表讲话。话题打开后，他越讲越兴奋，声调逐渐升高，两眼发光，语言也变得越发铿锵有力、声情并茂，在场的人都被他的讲话迷住了，只有一个人例外。讲话结束后一片肃静，兰迪斯院长冷冷地盯着博尔杰塞，低声说道：“那只是修辞！”博尔杰塞同样冷冷地，但带着怒火，用手指当手枪指着兰迪斯回答道：“你再说这话的时候，请微笑着说！”

兰迪斯院长的这句话是什么意思？他想说什么？

当然不是说博尔杰塞的讲话不合语法或逻辑混乱，除了华丽的修辞之外一无是处。虽然英语不是博尔杰塞教授的母语，可他精通这门语言。由于同他有过多次辩论，我敢说他的分析鞭辟入里，推理直切要害。他很有天赋，能够运用想象、暗喻以及适时的停顿和突然的迸发等手法来装饰自己的语言，牢牢抓住听众的注意力，并把观点讲得清清楚楚。

这就是他讲话中的修辞展现的力量。哈佛法学院沉默寡言的盎格鲁－撒克逊院长说话同样措辞精当、推理准确，却始终不具备前者的这种能力。这位院长为什么要反对他意大利同事的那种讲话呢？这有什么不好吗？他可能是出于自我克制，没采用博尔杰塞教授运用自如的那种讲话技巧，但讲话风格和性格上的差异总不能成为把博尔杰塞的讲话斥为“只是修辞”的理由吧！

如果要从最好的方面去理解兰迪斯院长对博尔杰塞教授的指责，我们就必须将这句话理解为不是说后者的演讲只是修辞，而是说他使用了过多的修辞。

博尔杰塞并不是站在讲台上，面对的不是一大群他要说服的陌生听众，而是和同事们围坐在同一张桌子前，讨论大家都了解的话题。他们研讨的问题需要对大量的事实进行审核，并对来自正反两方的许多理由加以权衡。

在兰迪斯院长看来，要做到这一点，讲话就得严格、冷静地紧扣议题，避免所有只会让讨论变得更加热烈而不是更加明晰的题外话。因此，他那句硬生生顶撞博尔杰塞的话其实是说："去掉不必要的修辞！"

说修辞不必要是因为对这个特定的场合来说用得太多了，还是因为从来就不需要？不可能是后者。那样想就等于是认为，讲话只要符合语法和逻辑，就始终能达到目的。其实那样做几乎无法达到目的。人们难免也会这么想，对别人说话从来就不必考虑如何让他们来听你说话，也不必考虑如何让你说的话以你所希望的方式去影响别人的思想和感情。

语法、逻辑和修辞是出色运用语言来表达思想感情的三门艺术。前两种也许足以让人把自己的思想感情记录在纸上，作为个人备忘录存档，供将来参考。我们对自己说话或者写自己备用的笔记时，并不需要修辞技巧。我们很少需要说服自己，相信自己的思想应该得到倾听和采纳，或者自己的态度站得住脚，应该用来分享。但是万一我们需要说服自己，相信自己走在正确的道路上，那么我们的自言自语或私人笔记仅仅合乎语法和逻辑是不够的。我们必须再做些什么，以此来赢得自己的信任，同意得出的结论或提出的观点。正如我们有时所说的，我们必须“说服我们自己接受这件事”。这就是修辞的用武之地。

虽然我们自言自语时几乎不需要使用修辞手段，但在对别人说话时，没有修辞却万万不行。道理很明显，我们几乎总是要去设法说服别人，不仅要让他们倾听我们说的话，还要让他们同意我们的观点，并把它当作思考或行动的纲领。

修辞这门古老而又高尚的艺术就是说服的艺术。它同语法和逻辑一起，在将近 25 个世纪的教育中占有重要的地位。这种地位在古希腊和古罗马显得尤为重要，那时，人们都指望受过教育的人具有几分演说家的才能；在 17 和 18 世纪也是这样，那时不仅重视说话和写作的内容，而且还重视其风格。

这些艺术几乎都已从当今年轻人的基础教育中消失了。在 12 年的基础教育中，修辞课的缺乏是三者当中最显著的。一些大学生也许会选修公共演讲课，但大多数人没有接受过说服技巧的训练。

纵观其漫长的历史，修辞的教学主要涉及演讲术和演讲风格，即便二者并不是其唯一的内容。语言运用的风格，也就是使内容的交流变得更优雅或更有效的风格，这是书面语和口头语都应该具备的共同特性。暂且不论优雅是否始终是可取的，但作为说服别人的一种努力手段，它是无法确保让交流变得更加卓有成效的。

由于我们对修辞感兴趣是因为它会让我们的讲话变得更有说服力，这不禁使我们注意到这样一个事实，在修辞学漫长的历史中，它即使不是只关乎演讲术，至少是和演讲术紧密联系在一起的。论述这个主题的著作有很多，如罗马修辞大师昆体良的一本名作，他在书名中使用的是“演讲术”一词，而不是“修辞”。在古代和近代早期，“演说家”这个称号同“修辞学家”是可以互换使用的。

这有什么不对呢？很简单，演讲术就是试图说服别人以某种方式行动。演说家使用修辞技巧，唯一目的是取得实际结果，诸如采取行动、作出某种价值判断，或者对某个人和某些人采取某种态度。

然而，取得实际结果并不是修辞的唯一用途，甚至也不是它最常见或最重要的用途。我们经常想改变别人的想法，希望他们和我们的想法一致。对我们来说，改变别人的想法和我们如愿改变别人的行动或感受同样重要。这时，我们运用修辞的目的纯粹是出于理性层面的，你几乎可以说它是理论性的，而不是实际性的。当我们为这个目的去运用修辞技巧时，我们就成了另一种说服者，不同于为实际目的而使用演讲术的说服者。

用演讲术来指代与别人说话时的实用修辞手段会有一个问题，即它带有太重的政坛、法庭或立法议会的味道。政界并非人类需要修辞技巧的唯一领域。人们做生意时需要它，人们为了得到某种实际成果而与他人合作或对抗时也都需要它。

在上述所有领域，包括政界，我们发现自己总在想方设法地向别人兜售什么，其实形形色色的实用性说服都是推销。因此，我将用“推销术”这个不太起眼的短语，来称呼那种旨在达成某种实际成果而去说服他人的讲话。

那么我们如何称呼另一种讲话，即为了取得某种纯粹理性或理论性成果而去说服他人的讲话呢？教导？指导？都对，不过我们应该记住，指导有多种形式。有时候，老师并非只是对一群安静的听众发表讲话的人。如果老师以这种方式授课，那么老师只是通过讲述而不是提问来授课。通过讲述来传授知识就是演讲式授课；优秀的讲演者与优秀的推销员一样，都很关心如何去说服听众。

虽然教导和推销都包含说服，前者是为了纯理论或理性的结果，后者是为了实用性结果，但我依然认为采用下面的术语是最方便的。我把一切旨在取得实用性结果的讲话称作“说服性发言”，而把一切旨在改变思想而不考虑行动的讲话称作“教导性发言”。我所说的“推销术”就是说服性发言，讲座则是教导性发言。

我将首先讨论这两大类不间断的发言，然后再去探讨它们的特殊变体：下一章讨论推销术，再下一章讨论讲座。

有些人认为，推销、说服或者使用修辞手段就等于是沉迷于诡辩术，因此，对这些人而言，“推销术”“说服”甚至“修辞”等术语都带有令人厌恶的内涵。

所幸，抱有这种看法的人都错了。假如真的摆脱不了和诡辩术的干系，那会是非常不幸的，因为那就意味着没有哪个诚实或道德高尚的人能够心安理得地参与到说服的过程中去了。然而，我们大多数人都想或者感到有责任去试着说服别人，让他们按照我们认为可取或光彩的方式去行动或感受。很少有人能够完全回避和说服的关系。在日常接触中，我们大多数人大部分时间都会参与其中。

有些技能既可用来行善，也可用来作恶。它们可以被人们审慎而有良心地加以使用，也可以被肆无忌惮地滥用。医生的技能可用来治病，也可使人致残；律师的技能可用来伸张正义，也可用来颠倒是非；技术专家的技能可用于建设，也可用于破坏。说服者——政治演说家、商业推销员、广告商、宣传人员——的技能可在高度尊重事实的情况下用来达成良好的结果，但也能同样发挥其威力，用于欺骗和伤害他人。

诡辩一向是对修辞手段的一种误用，它始终是肆无忌惮，不管对错，不择手段地去说服别人。柏拉图曾在诡辩家和哲学家这两类善辩者之间划出一条界线。他把哲学家归作那些献身于真理，不滥用逻辑或修辞，不靠欺骗、歪曲或其他阴谋诡计赢得辩论的人。

与之相反，诡辩家则随时准备使用能达到目的的一切手段。诡辩家会把更糟的理由说成是更好的理由，为了取得成功，必要时他们不惜背离真理。

在古希腊，诡辩家是教修辞学的教师，其目的是帮助人们打赢官司。打官司的公民都必须自己当自己的律师，是自己的原告代理人或辩护律师。对于那些最终目的就是赢得官司的人来说，他们自然会不顾荣誉、不择手段地打官司。在诡辩中滥用修辞手段，这也成了情理之中的事了。

这就是修辞一开始就落得一个坏名声的原因，它也始终未能彻底摆脱这个坏名声。重要的是，我们大家必须记住，诡辩术是对修辞学的肆无忌惮的滥用，而被滥用的修辞本身则不应该受到谴责。

与人类的许多其他交易一样，推销术或其他形式的说服工作可以是诚实的，也可以是不诚实的。推销无需借助谎言和欺骗来求得效果；成功的推销也无需采用骗子的伎俩。我有关推销的这番话也适用于其他形式的说服行为以及其他修辞手段的使用。

我知道，在某些圈子里，推销术、说服、修辞这些说法的名声不好听。但一旦大家明白，它们同诡辩术的关联并非必然，而是偶然的，我看就没有理由摒弃这些说法了。它们所指的活动，我们大家或大多数人都会参与其中，而且我们参与这些活动并不需要借助遭人痛斥的诡计、谎言或欺诈手段。

第四章　“推销术”和其他形式的说服性发言

本章的标题也许会引起读者的疑虑。一个哲学家还知道如何去推销？这显然不属于他的认知范围。

为了消除读者在这点上的顾虑，我现在就从亚里士多德所推荐的第一步做起。亚里士多德也是一位哲学家，他认为任何人试图就任何事去说服他人，尤其是在实用领域内，首先应该采取这一步骤。

许多年前，哲学研究所在旧金山成立，身为所长的我收到一份邀请，要在加利福尼亚广告俱乐部联合会的一个午餐会上发言。他们事先询问我的发言题目，我建议用“亚里士多德论推销术”，我认为这个标题足以语惊四座。果真如此。以前从未有人把亚里士多德的名字与推销术或推销的辅助手段广告联系在一起。

我的发言是从解释标题开始的。我问：广告是一种推销形式，对吧？他们点头表示同意。我又问，一切推销形式岂不都是旨在说服，广告不就是为了说服潜在顾客购买广告宣传的产品吗？他们再次表示同意。

于是我接着说，亚里士多德就是这门艺术——说服艺术的大师，他还为此撰写过一部名为《修辞学》的长篇论著。当时为了言简意赅地阐明该文的精义，我对他们说，亚里士多德指出了一个人如果想成功地说服别人，他需要采用三大策略。对于说服的这三大策略来说，没有什么名称能比得上希腊人所用的这三个词：ethos（品格证明）、pathos（情感证明）和 logos（逻辑证明）。概括起来，这就是那篇论文的全部内容。

在解释这三个词所代表的策略之前，我必须告诉读者，参加那次午餐会的广告专家们对亚里士多德提到的与他们自身业务有关的实用技能产生了深刻的印象。后来我才知道，那天下午旧金山的书店被与会听众围了个水泄不通，他们都想购买亚里士多德的《修辞学》，可惜未能如愿。

希腊词 ethos（品格证明）是指一个人的品格。在任何试图说服他人的努力中，树立自身的品格都是首要步骤。说服者必须努力展现出具有与当前目标相符的品质。

如果在某一特定场合面对一个或多个听众时，你希望别人不仅专心听你讲话，还觉得你要说的内容值得一听，那么你就必须显示出你对要讲的内容了如指掌，而且你的诚实和善意是值得信赖的。你必须显得有吸引力、讨人喜欢，并且值得信赖。

为了达到这个目的，我面对身为广告专家的听众，给他们讲了两则关于我自己的故事。第一则故事说的是我同不列颠百科全书出版公司的一位银行家进行的谈话，当时公司正在花一大笔钱组织出版由我主编的《西方世界的伟大著作》及其配套工具书《西方大观念》。

在与我会面前，这位银行家对公司花这么多钱出版的这套书是否会有销路深表怀疑，尤其怀疑名叫《西方大观念》的这个怪东西，完成这项工程恐怕要花费一百多万美元，这在当时是一大笔钱。《西方大观念》到底有什么用处，以致人们在购买整套《西方世界的伟大著作》时还有兴趣再把它也买下来呢？“比如拿我来说，我对买卖有兴趣，”那位银行家说，“如果我去查阅《西方大观念》的 102 条观念的目录，我能找到谈论推销术的条目吗？”

这个问题一下子难住了我，因为“推销术”这个词在 102 条大观念的目录中自然是不会出现的，它甚至没有出现在以字母顺序排列的用来说明 102 条观念的 1800 条子条目里。我问了他一个问题,这才摆脱了当时的窘境。

我问他是否同意，向人推销东西时，必须懂得如何说服别人购买他想要推销的东西。他立刻表示同意。我接着乘胜追击，告诉他 102 条观念中有一条是修辞，它论述的就是说服。我还告诉他，如果他去查阅《西方大观念》中“修辞”这条观念，就可以从中找到许多特别有帮助的段落，即使里面提到的伟大作家都没有使用过“推销术”这个词。

就这样，我终于打消了那位银行家对投资出版《西方大观念》的顾虑。我说服了他。随后，我对旧金山的听众讲述了我不得不推销 500 套《西方世界的伟大著作》的一段经历，那是为了筹款支付第一版的印刷费和装订费。

这件事我几乎是单枪匹马干成的。我先是写了一封信，由我和当时的芝加哥大学校长鲍勃·哈钦斯联合签名，然后将信件寄给了 1000 个客户。这些人可能会因为成为特别首版的赞助人而感到荣幸，前提是他们要预付 500 美元订购这套丛书，这在 20 世纪 50 年代也算是一大笔钱。

就这一封信居然带来了250张附有支票的预订单。一次征订达到25%的回报率，这使从事广告业的听众大为震惊,认为这是直邮广告业的非凡成功。初战告捷之后，我又通过电话或去办公室拜访，将剩下的250套书卖给了其他的赞助者。

其中有一次，我向一个拥有80多家连锁百货公司的负责人一次就推销了45套书，分别由45家百货公司赠送给地方图书馆或地方大学，作为一种公关举措。这笔特别的买卖不到30分钟就做成了。那位总经理说得很明白，星期五的下午，他没有时间同我多聊，因为他就要出城去过周末了。于是，我把我的推销话术压缩到极限，以免他失去耐心，最后我赢得了他的好感。

等我讲完第二则故事，旧金山的广告专家们已经对我亲自参与说服和推销一事印象深刻。当我继续解释亚里士多德在分析说服的三大因素时如何总结推销术的本质时，他们一个个都竖起了耳朵。我还没开始解释品格证明、情感证明和逻辑证明在说服中发挥的作用，就已经成功地在他们面前建立了自己的品格证明。

我给你们讲述我亲自当广告员和推销员的这两则故事，也是希望借此在你们面前建立我的信誉。

在说服的三个因素，即品格证明、情感证明和逻辑证明中，品格证明始终应该摆在首位。除非建立了作为讲话者的信誉并对你的听众显示出自己的个人魅力，否则你不可能持续吸引他们的注意力，更不用提去说服他们做你希望的事了。只有说服他们相信你这个人之后，你才能说服他们相信你所说的话。

当然，在说服过程中，迈出第一步的方法有很多。你可以讲讲自己的故事，如果这些故事能引人发笑，而且是拿你自己开玩笑，那么效果更佳。你也可以不那么直接，例如故意放低姿态，低估自己谈论手头这件事的资格，这样一来，听众就会将你的这种自我低估视为过分谦虚而不予理会。你还可以暗示自己和别人的关联，赞美这些人具有的品德，借而希望你的听众也会将这些品德归到你身上。

关于品格证明在说服中的作用，我们可以用莎士比亚的《裘力斯·凯撒》中布鲁图和马克·安东尼的讲话作为两个经典例子。当然，把这两篇精彩的讲话当作推销术的例子多少有点不恰当。它们都是政治性说服的例子，其意图是要感动听众，让他们采取这样或那样的政治行动。

然而，实用性说服始终是推销，不管发生的场合是市场还是政坛，是柜台还是立法机关的会议室，是商业交易还是公职竞选，是产品广告还是为某一公共事业或政治候选人所做的呼吁。

你们也许记得，在莎士比亚的这个剧作中，凯撒刚被暗杀。罗马市民聚集在广场上他的遗体附近，为失去他而悲痛，并愤怒地要求给予解释。参与暗杀的阴谋者之一布鲁图登上讲坛，他对市民说：

> 各位罗马人，各位亲爱的同胞们！请你们静静地听我解释。为了我的名誉，请你们相信我；尊重我的名誉，这样你们就会相信我的话。用你们的智慧批评我；唤起你们的理智，给我一个公正的评判。要是今天在场的群众中间，有什么人是凯撒的好朋友，我要对他说，布鲁图也和他同样地爱着凯撒。要是那位朋友问我为什么布鲁图要起来反抗凯撒，这就是我的回答：并不是我不爱凯撒，而是我更爱罗马。你们宁愿让凯撒活在世上，大家做奴隶直到死去，还是让凯撒死去，大家做自由人？

因为凯撒爱我，所以我为他流泪；因为他是幸运的，所以我为他欣慰；因为他是勇敢的，所以我尊敬他；但是，因为他有野心，所以我杀死他。我用眼泪报答他的爱，用喜悦庆祝他的幸运，用尊敬颂扬他的勇敢，用死亡惩戒他的野心。这儿有谁自甘卑贱，愿意做一个奴隶？要是有这样的人，请说出来；因为我已经得罪他了。这儿有谁自居外人，不愿做一个罗马人？要是有这样的人，请说出来；因为我已经得罪他了。这儿有谁自认卑鄙无耻，不爱他的国家？要是有这样的人，请说出来；因为我已经得罪他了。我等待着答复。

市民们异口同声地答道："没有，布鲁图，没有。"这时，布鲁图感到心满意足，他已说服市民相信暗杀是正义的，于是把位置让给了马克·安东尼。还没等安东尼开口，布鲁图赢得的或者说成功说服的民众向他发出热烈的欢呼，宣称愿意把已故凯撒的一切头衔都献给他。布鲁图让他们安静下来，恳求他们倾听安东尼讲话。受到邀请之后，安东尼开始对他们讲话：

各位朋友，各位罗马人，各位同胞，请你们听我说；我是来埋葬凯撒，不是来赞美他的。人们做了恶事，死后免不了遭人唾骂；可是他们所做的善事往往随着他们的尸骨一起入土；让凯撒也这样吧。尊贵的布鲁图已经对你们说过，凯撒是有野心的；要是真有这样的事，那诚然是一个重大的过失，凯撒也为此付出惨重的代价了。现在我得到布鲁图和其他一些人的允许——因为布鲁图是正人君子，他们也都是正人君子——到这儿来在凯撒的丧礼中说几句话。他是我的朋友，他对我是那么忠诚公正；然而布鲁图却说他是有野心的，而布鲁图是一个正人君子。凯撒曾经把许多俘虏带回罗马，他们的赎金都充实了公家的金库；这样的凯撒看起来野心勃勃吗？穷苦的人哀哭的时候，凯撒曾经为他们流泪；野心家是不应当这样仁慈的。然而布鲁图却说他是有野心的，而布鲁图是一个正人君子。你们大家看见在牧神节那天，我三次献给他王冠，他三次都拒绝了；这难道是野心吗？然而布鲁图却说他是有野心的，而布鲁图的的确确是一个正人君子。我不是要推翻布鲁图所说的话，我所说的只是我自己所知道的事实。你们过去都曾爱过他，那并不是没有理由的；那么什么理由阻止你们现在哀悼他呢？唉，判断力啊！你已经遁入了野兽的心中，人们已经失去辨别是非的能力了。原谅我，我的心现在跟凯撒一起在他的棺木之内，我必须停顿片刻，等它回到我自己的胸腔里。

布鲁图的简短讲话主要说明了品格证明的作用，安东尼稍长一点的讲话的开头部分也一样。布鲁图满足于为自己和同谋者开脱，并不想进一步唤起民众采取任何行动。他只是请求他们让他独自离开。然而，安东尼心里则另有打算。他希望唤醒民众，采取激烈行动来反对谋反者，尤其是布鲁图和卡西乌斯（的确是正人君子啊！），并为凯撒之死报仇。为此，他诉诸说服技能的另外两个因素：情感证明和逻辑证明。

品格证明在于确立讲话者的可靠性和可信性，以及可敬可慕的性格。情感证明则在于唤起听众的激情，让他们的感情朝着要采取行动的方向奔涌。

情感证明是用来激发情绪的因素。它在安东尼的讲话中出现得较早，甚至在开头一段里就同品格证明交融在一起。安东尼提醒市民记住凯撒为罗马所做的一切，记住他们从中获益的好事。当他讲述这些好事时，他反复问他们是否相信凯撒表现了满足私利的野心，而不是对公共利益的奉献。

安东尼就这样成功地改变了布鲁图营造的气氛。一位市民大声喊道：“凯撒受了极大的冤枉”；另一个市民高声说：“他不愿接受王冠，所以他肯定毫无野心”；还有一个市民也表达了对安东尼的钦佩之情，他说：“在罗马没有人比安东尼更高贵。”这正是安东尼使用品格证明所力图取得的效果。

现在安东尼感到满意的是，他确立了自己的品质，人们的感情也朝着正确的方向涌动。他接着举出种种理由来鼓动他所企图的行动，以此来强化已经激发出来的民众激情。

逻辑证明，即罗列理由，是最后要考虑的。只有首先唤起对你本人有利的感情，你才能让你的激情，也就是有利于你力图寻求的最终结果的感情发挥作用。因此，要首先创造一个大家能接受的氛围，否则诉诸理由和论证都是没有意义的。

理由和论证可以用来强化激情的迸发，但除非你的听众在情感上有意朝着你的理由和论证力图证明的方向走，否则理由和论证不会显示出丝毫的力量。

安东尼在讲话的结尾部分是如何有效地把情感证明和逻辑证明相结合，并鼓动罗马市民拿起武器去反抗布鲁图、卡西乌斯及其同谋的呢?

首先，他在讲话中巧妙地提及了凯撒的遗嘱，并且暗示市民们如果得知遗嘱的内容，他们就会发现自己乃是凯撒遗嘱的受益人：

> 啊，诸君！要是我有意想要鼓动你们的情感，激起一场叛乱，那我就要对不起布鲁图，对不起卡西乌斯了；你们大家知道，他们都是正人君子。我不愿干对不起他们的事；我宁愿对不起死人，对不起我自己，对不起你们，却不愿对不起这些正人君子。可是这儿有一张羊皮纸，上面盖着凯撒的印章；那是我在他的卧室里找到的一张遗嘱。只要让民众一听到这张遗嘱上的话——原谅我，我现在还不想宣读它——他们就会去吻凯撒尸体上的伤口，用手巾去蘸他神圣的血，还要讨来他的一根头发拿去做纪念，当他们临死的时候，将要在他们的遗嘱上郑重提及，作为传给后嗣的一项重要的遗产。

市民们恳求安东尼向他们透露遗嘱的内容。但是在告诉他们凯撒的遗嘱中说要给每个市民赠送 75 德拉克马之前，他发表了一通慷慨激昂的讲话，把市民的激情推到了狂热的顶峰：

要是你们有眼泪，现在准备流起来吧。你们都认识这件外套；我记得凯撒第一次穿上它，是在一个夏天的晚上，在他的营帐里，就在他征服纳维人的那一天。瞧！卡西乌斯的刀子是从这地方穿过的；他所深爱的布鲁图就从这儿刺了一刀进去，当他拔出他那万恶的武器的时候，瞧凯撒的血是怎样汩汩不断地跟着它流出来，好像急于涌到外面来，想要探知究竟是不是布鲁图下的这样无情的毒手；因为你们知道，布鲁图是凯撒心目中的天使。神啊，请你们判断判断凯撒是多么爱他！这是最无情的一击，因为当尊贵的凯撒看见他忘恩负义，行刺的时候，这一柄比叛徒的武器更锋锐的利剑，就一直刺进了他的心脏，那时候他的伟大的心就碎裂了；他的外套蒙着他的脸，他的血不停地流着，就在庞贝雕像之下，伟大的凯撒倒下了。啊！那是一次多么惊人的殒命，我的同胞们；我、你们，我们大家都随着他一起倒下了，该死的叛国之举却在我们头上耀武扬威。

这番讲话收到了预期的效果。市民们高喊要报复刺客及其同谋，骂他们是叛徒和恶贼。他们不再是可敬可爱的正人君子了。但是，安东尼为了确保他已赢得胜利，确保他已说服罗马市民接受他希望采取的行动，他又采取了一个举措来巩固他的成果。正如他讲话的开头几句所表明的，这一举措再次利用了布鲁图的品格证明（与安东尼的品格证明做对比），概括了采取行动的理由——逻辑证明，并且确认了他已经唤起的感情——情感证明：

好朋友们，亲爱的朋友们，不要让我煽动你们掀起这样一场暴动的怒潮。干这件事的人都是正人君子；唉！我不知道他们有些什么私人怨恨，使他们干出这种事来，可是他们都是聪明而正直的，一定有理由可以答复你们。朋友们，我决不是来博取你们的欢心的：我不是一个像布鲁图那样能言善辩的人；你们大家都知道我不过是一个老老实实、爱我的朋友的人；他们也知道这一点，所以才允许我为他公开说几句话。因为我既没有智慧，又没有口才，也没有本领，更不会用行动或言语来激起人们的血性；我不过照我心里所想的说出来；我只是提醒你们已经知道的事情，给你们看看亲爱的凯撒的伤口，可怜的、可怜的无言之口，让它们代替我说话。可是假如我是布鲁图，而布鲁图是安东尼，那么那个安东尼一定会激起你们的愤怒。如果让凯撒的每一处伤口里都长出一条舌头来，即使罗马的石块也将要大受感动，奋身而起，向叛徒们抗争了。

“我们要造反！”市民们怒吼道。“我们要烧掉布鲁图的房子！”“我们要捉拿其他的同谋者！”那时，也只有在那时，安东尼才大功告成，他向罗马的每个市民透露为什么大家能够从凯撒的遗嘱中获益。这招奏效了。市民们叫喊着：“去拿火把……把长凳子拉下来烧……把架子、窗户，什么都行，一起拉下来烧。”事情终于办成了，安东尼感到很满意，他边退下去边对自己说：“现在让它闹起来吧，祸害啊，你已出笼，你想怎样就怎样吧！”

想要有效地使用情感证明以唤起有利的感情冲动，说服者必须牢记两点。

首先，说服者必须承认他们可以依赖的人类欲望——对于自由、正义、和平、快乐、财产、荣誉、名声、地位或宠爱的欲望——几乎是每一个人都具备的活跃的原动力。这些欲望无疑都充满了驱动力，说服者可以召唤这些欲望去实现心中的目标，并要集中强调为什么自己推荐的行动方案比竞争者试图推销的其他方案更能满足这些欲望。

在这种情况下，说服者必须借助逻辑证明而不是情感证明，如此方能使自己处于有利的地位——无论他们是想让自己的产品比竞争者的更受欢迎，还是想让他们的公职候选人比其他对手更受青睐。双方的产品也许具有同样的功能，也许都能满足原本就有并只需激发的某种欲望；因此，说服者的任务是给出他们的产品应该更受青睐的理由。

同样，在政治竞选或政策冲突的立法辩论中，情感诉求是维持和平、捍卫自由或保障福利，说服者无需去创造人们寻求和平、自由或福利的欲望。这种欲望已经存在，只要去利用就是了。说服者只需声明他们的候选人或他们的政策能够更好地达成目的。

说服者不能总是依赖听众普遍拥有并能立刻调动起来的种种欲望。有时，他们必须先给听众灌输他们试图通过自己的产品、政策或候选人去满足的那种欲望。有时，人们的需求或心愿是藏而不露的，连他们自己也未必完全知道。这些欲望是说服者必须设法去唤醒和激发的。有时，说服者必须设法去制造新的欲望，而这种新欲望如果未被唤醒并变为动力，一般就不会发挥作用。这就是新产品上市必须去做的事。同样，这也是公职候选人必须做的事，如果他的竞选纲领就是满足民众新的诉求。

品格证明这一要素在推销术中既可以先于情感证明，也可以和情感证明结合使用。公关专家或麦迪逊大街顾问的作用是既要让试图销售产品的公司形象更佳，还要让产品本身比竞争者提供的产品更加受人欢迎。当这种说服专家为政治候选人效力时，他们也是这么干的。他们除了鼓动人们去赞同候选人所代表的政策外，还设法为候选人塑造光辉灿烂的形象。

一旦品格证明和情感证明充分发挥作用，逻辑证明依然是说服者手里的制胜王牌。下面我就讲讲需要避免的事情和需要做好的事情。

首先，说服者应该避免冗长、晦涩和复杂的论证。需要执行的任务不是让人产生那种源于数学演算或科学推理的坚定信念。有效说服行为追求的目标没有这么宏大，仅仅是让人们对某种产品、某个候选人或某项政策更偏爱一点。因此，要采用的论证应该更为简洁、明了和凝练。

所以，说服者必须省略推理过程中的许多步骤，去抓住听众的心。这种推理的经典名称是 enthymeme（希腊语，意为“省略三段论”），表示一种省略了诸多前提的推理过程。当然，那些未被提及的前提必须是说服者可以放心假定为人们普遍都具有的共识。在法庭上辩论时，原告和被告的辩护律师可以理所当然地采用某些法庭认定的一般性共识，因为这些共识已经被普遍接受，所以无需明确的陈述。

有了这种被视为理所当然的一般性共识，说服者可以直接从一个具体实例出发，该实例属于被假定但未被提及的一般性原则的范畴，由此直接推导出适用于这个一般性原则的结论。这就是举例论证。如果我希望说服我的听众去购买某个特定产品或采纳某项政策，我可以展示它如何体现了某条普遍接受的真理，以此来有效地达成目标。

我不必声称任何有益于健康的东西就是好东西。我只需描述我的产品恰恰就能做到这点,而且做到了极致。我不必声称每个人都有谋生的权利，也不必说那些并非由于自身过错而失业的人遭受了严重的不公。我只需把我的政策描述成一项可以增加就业机会的政策。如果我正在起诉一个被指控犯有重罪的人，我不必断言突然离开犯罪现场就是有罪的迹象。我只需要出示证据，指出站在被告席上的那个人就是这样做的，而他的离开没有别的合理解释。

推理的简洁或扼要并不是说服性论证的唯一要素。还有一个要素就是使用所谓的修辞性疑问句，即反问句。反问句的措辞方式很特别，你的听众往往只能给出唯一的一个预期答案。从这个意义上讲，它们就像简略推理中未被提及的前提，这些前提之所以可以不被提及，是因为它们能够被视作普遍认可的、理所当然的事情。

例如，布鲁图问罗马的公民："这儿有谁自甘卑贱，愿意做一个奴隶？"之后又马上补充说："要是有这样的人，请说出来；因为我已经得罪他了。"然后再次问道："这儿有谁自认卑鄙无耻，不爱他的国家？要是有这样的人，请说出来；因为我已经得罪他了。"布鲁图敢于提出这些反问，是因为他心里很清楚，没有人会以错误的方式来回答他的反问。

同样，马克·安东尼在描述凯撒的征战如何充实了罗马的金库后，也问道："这样的凯撒看起来野心勃勃吗？"在提醒市民凯撒曾三次拒绝献给他的王冠后，他问道："这难道是野心吗？"这两个都是反问句，大家期待的答案只有一个。

在阐释说服的三个基本要素在卓有成效的说服中如何发挥作用的过程中，我已经指出了各种带有实用目的的讲话，我把它们统称为推销术。

我们通常将这一术语限定于商业产品的广告和商品销售中那些明显的推销行为。但是，在政治舞台上、在立法院里、在起诉或辩护的法庭上，以及在表彰某人或纪念某事的公众仪式上，这种带有实用目的的讲话都是存在的，它们都涉及推销，这和为了某产品去赢得顾客的行为是一样的。

每一种带有实用目的的公开讲话都包含成功的销售所必须采用的说服三要素。这一点同样适用于非公开的实用性讲话，如董事会主席对其同事做的讲话，商务会议上某项政策提倡者的讲话，甚至家庭里一位成员对其他成员的讲话等，这类讲话的实用目的都是促使他人采纳说服者所提出的建议。

从亚里士多德、西塞罗和昆体良到现在，对实用修辞所做的经典阐释中都没有出现“推销”和“推销术”之类的术语。各种实用性讲话分别被冠以如下标题：议政演讲，指议会里的政治演说；法庭演讲，指起诉过程中的讲话，如律师向陪审团做的总结；还有宣扬式演讲，指任何对人或对某项政策的褒贬，这些无一例外都是说服的不同形式。

很明显，推销某种产品就像赞扬某人或某项政策那样，是一种颂扬式的说服。同样显而易见的是，议政演讲和法庭演讲也是在力图说服听众去购买东西，只不过购买的是他们主张的政策或作出的判决罢了。

第五章　讲座和其他形式的教导性讲话

如果你从未指望自己会受邀做什么讲座，你可以跳过本章和下一章。或者你可以一目十行地浏览一下这两章，同时甚感庆幸，自己无需像其他人那样不辞辛苦，只为在安静的听众面前发表精彩的长篇讲话。

然而，无论你从事什么业务或者处于职业生涯的哪个阶段，只要你有发表演讲的需求，便可以从本章和下一章提供的建议中获益。我所要谈的关于进行学术演讲和准备学术讲座的诸多内容，至少有一部分适用于篇幅较短、不太正式的演讲或发言。

即使你不像我一样以教师为职业，也不会受邀去做正式的讲座，然而，你可能不得不在这样或那样的场合，如商业会议、政治集会和职员大会上面对听众发表讲话，或者给同一俱乐部的成员甚至宴会上的宾客发表感言。

对于你在这些场合的目的而言，我提供的准备和开展正式讲座方面的建议也许过于详细和复杂了，但你可以根据实际情况予以改编或删减，能用多少就用多少。

我已提请大家注意，在“讲座（lecture）”这个词的原始含义里，演讲者首先是一位朗读者。

今天，尽管讲座仍是一种口头或口语化的展示形式，但它同写作的关系比同阅读的关系更为紧密。在开讲之前，讲稿往往已经写好，要么是完整的讲稿，要么是列出的提纲，有时候则是将写好的文章当作讲稿宣读。然而，书面展示和口头展示这两种陈述形式之间存在着诸多差异，所以，有写得好的能力并不代表有讲得好的能力。事实上，更多时候情况恰恰相反。

书面和口头这两种展示形式都是一种讲述，而讲述总归是一种教导，尽管除了讲述还有其他的教导形式。当我把我知道的、思考的或理解的东西告诉你，并企图指导你的思想时，我就是在教导你。这就是讲座和其他教导性讲话同推销术之间的根本区别。

谈话有多种类型，如托儿所里的儿语、宴会上的闲聊，但是说服性发言和教导性发言代表了我们关注的两种基本的讲话形式。两者之间有着根本的区别：前者旨在影响听众的行为或感情，后者旨在影响听众的思想。两者均涉及说服，但目的完全不同。

也许有人认为，讲座作为一种教学形式，目的不应是仅仅说服听众，而是要让他们信服。但信服意味着一定程度的确信，而这种确信在数学和精密科学领域之外是难以实现的。一场旨在让听众确信某些立场真实性的卓有成效的演讲，只需要严密的逻辑所赋予的条理性、清晰度和说服力，而无需考虑修辞的因素。在这种情况下，同一内容的书面呈现和口头表达之间的差别几乎可以忽略不计。

所以，我们将主要关注这样一种演讲，其目的是产生适当结果，即说服人心，并非要做到让人毫无疑问，而是不会产生合理的怀疑，或者仅仅凭借证据或理由的优势让听众赞同这个观点而非那个观点。在这种情况下，仅有严密的逻辑是不够的，我们还必须考虑修辞问题，因为同一材料的口头表达和书面呈现是截然不同的。

正如“推销术”一词可用来涵盖各种形式的实用性说服，如政治演讲、教会布道、法律辩论、商业谈判、礼仪性的赞颂以及促使人们在市场上购买某一产品，“讲座”一词可用来涵盖各种形式的教导性说服，即为了理性或理论的结果而非实用的结果的说服行为，也就是为了改变人的思想而非感受或行事冲动的说服行为。

并非所有形式都是如此，因为我已经把数学或精密科学方面的这种教导排除在外了，这种教导是为了让听众确信原理或结论的真实性。我还要排除那种仅仅旨在向听众传递一些信息的口头陈述。要有效地进行这种口头陈述，只需语法正确、语速合适，确保听众能消化陈述的信息细节。达到这一效果不需要严密的逻辑和娴熟的修辞。

如此传递的信息主要是通过听者的记忆获取的，所以在多数情况下，用文字传递比用口头传递会更加有效。如果一定要口头传递，那就应该有文字材料供人们反复阅读。这样就更容易记牢。

排除了上述情况之后，我们还留下些什么可讨论的呢？首先是发生在教育机构课堂里的那种授课式讲座，即中间可能会、也可能不会被听众打断的典型的 50 分钟讲座。第二种是我所称的正式讲座，它与 50 分钟的课堂授课讲座不同，是在报告厅里给人数不等的听众做的讲座，全程无人打断。报告厅可能位于学校里，这种正式讲座也许只面向该校学生；它也可能是一个公共报告厅，听众为一般民众。

虽然“讲座”一词最常指的就是这两种讲座，但这两者并不是教导性讲话仅有的形式。在教堂或任何宗教集会上布道也是教导性讲话，因为通常需要对《圣经》中当天要讲的那个章节进行阐释或讲解。当然，布道可以是演讲性的而非教导性的，此时它们的内容属于实用性说服，即旨在改变听者的意志或行为，而不是想提高他们的理解力。

除了课堂授课、正式讲座和说教式的布道外，教导性讲话也会出现在商业领域。企业高管们参加的会议可能会由首席执行官或某个高管发言，目的是传授手头的业务知识，分析有待解决的业务问题，以便大家更好地理解问题，或者是激发大家对企业经营的思考。

军事参谋会议上也会有某个军事领导人讲话，目的不外乎上述商务会议的三个意图。课堂、报告厅、教堂、商务以及军事参谋会议的明显差别并不影响这些讲座具有共同的特征，因为它们都涉及教导性讲话，都是通过增加听众的知识、提高听众的理解力，或是启发听众以前所未有的方式去思考，由此来影响听众的思想。

还有别的场合吗？有的。教导性讲话甚至可能出现在餐桌上或客厅里，主人邀请一位客人，通常是贵宾，就他擅长或在行的话题给大家讲话。

鉴于教导性讲话的场合形形色色，我想把我们的注意力暂时集中在那种以讲述方式进行的教导上，这种教导是不间断的讲话，听众会在口头陈述全部结束前始终保持安静。

我之所以这样做，是因为我想在本书第三部分讨论静听讲座或讲话的听众应该怎么做才能使倾听变得卓有成效。我想把关于双向谈话的讨论留到第四部分——这里所说的双向谈话不仅指参与问答的听众和演讲者之间的互动交流（这种交流经常出现在各种对话和讨论式教学中），还包括讲话人中止讲话、邀请听众提问的那种双向交谈——这种交流可能发生在课堂、报告厅、商务会议、军官会议或者私人住宅里。

我刚才所说的内容既适用于讲座，也适用于推销术。要让推销术产生作用，也许需要不被打断地持续进行一段时间——至少一小段时间，但紧接下来同样应该首先是实用性说服者的提问，然后是别人的提问。当发生这种情形时，不间断的讲话之后就会出现类似对话或讨论的情形。

听比读难，出于同样的道理，讲座比写作难。原因在于听和说不同于读和写，它们发生在有限的时间跨度内，而且是不可逆转的流程。你可以反复地写或读，没有时间限制，直到所写或所读的东西已经达到尽善尽美的状态，让你感到满意为止。而静听者必须当场理解讲话者所讲的内容，这就迫使听讲座的人始终要专心致志。一旦注意力不集中或思想开小差，错过的内容也就无法挽回了。

同样，不间断的讲话者也必须竭尽全力，持续不断地吸引听众的注意力。在讲座或演讲的有限时间里，讲话者必须妥善安排好发言的各个部分，以便听众能够跟上所说的内容，并且随着演讲从一个观点过渡到另一个观点，将重点牢记于心。

正是因为不间断的讲话和缄口静听比读和写更难做好，所以教导性讲话之后往往需要有双向交谈，即对话、讨论、问答或讲话者和听者能够积极互动的论坛形式，只有这样，演讲和听讲这两项活动才能变得更有成效。

不论出于什么原因，如果演讲不能给听众提供与演讲者进行这种积极交流的机会，那么演讲者最好为他想要教导的听众提供他讲话的书面材料，以此来克服听讲过程中遇到的困难。这样，阅读就能够弥补在听讲的过程中可能出现且在讲座结束后无法通过讨论来修复的不足之处。

演讲如果没有随后的讨论来帮助演讲者确定其讲话已经触达并打动听众，听演讲如果没有讨论又没有阅读材料的辅助，那么演讲就成了最无效的教导形式，充其量只是演讲者的笔记变成了听众更加残缺不全的笔记，而这些内容根本没有经过讲师或听众任何一方的思考，可能仅仅只是记住了多少的问题，而且记住的内容也常常是模糊不清甚至是被曲解的。

这种情况在老师所做的 50 分钟课堂讲座中屡见不鲜。在欧洲的大学里，正式的讲座则截然不同，这种做法已经成为他们的惯例而非人们的期待。这类讲座事先做过专门准备，极少像美国教师那样，课堂上 50 分钟讲的内容都是老生常谈。后者极少有值得转化成文字或出版物的内容，而欧式风格的系列讲座虽然在美国大学里属于凤毛麟角而非惯例，但这些讲座则通常在讲过以后成为出版书刊的章节内容。

我在此不禁想要讲一讲加州大学向法兰西学院艾蒂安·吉尔松教授发邀请的故事，他是该校思想史领域的杰出人物之一，也是一位卓越的哲学家。伯克利分校邀请他担任客座教授，开出了一份非常诱人的酬金，教授忍不住请教加州大学当局，如果他接受邀请，学校指望他做些什么。

学校答复说他每周要上十二堂课，这是加州大学每位授课教授的正常工作量。在吉尔松看来，这是指望他去做他认为根本不可能的事。他回复说，他在法兰西学院每周授课从来不超过一次，通常情况是每两周才讲一次课。他备一次课需要花两周时间。

怎么能指望一个教授一周讲十二堂课，并且要他这样一周接一周地干上整整一学期？吉尔松说，这是绝对不可能的，他谢绝了邀请，并且指出他做完一系列这种正式讲座以后，讲座的内容通常要整理成书出版。他建议加州大学不要邀请他去伯克利讲课，而是买他的书给学生们去读，这样会省钱得多。

我在前面说过，向希望获得相关信息的听众传递信息，这既不要逻辑技能也不要修辞技能。你只需语速合适、讲话清晰，让听众听明白就行。细节展示应该有条不紊，如果内容有内在的联系，信息也就能由此及彼，环环层层相扣。

旨在教授数学和精密科学的讲座，当然要受学科内在逻辑的制约，但想要有效地开展这种讲座，所需的唯一修辞技巧就是首先确保听众真正理解所要解决的问题，再给出解决方案，然后尽可能清晰地阐释得出这一解决方案所要采取的步骤。同样，这些步骤也应该条理清晰、环环相扣，让人心服口服。

当然，即使在数学和精密科学领域里，想要实现有效的教学也不止于此。如果涉及实验室里的示范，在准备和进行这些示范的过程中，采取一定的示范技巧有助于达成预期的教学效果。首先，教师需要表现出教学的激情（即使手头做的事情对老师来说是老一套），这种激情能使听者产生同样的激情。如果缺乏这种激情，不管讲解多么逻辑缜密、多么一清二楚，仍将是单调的复述，只会使听众昏昏欲睡而非兴致勃勃。

总而言之，一位优秀的讲师必须具备优秀演员的天赋。每当帷幕升起时，不管它在讲师面前升起过多少次，对于听众来说，一切始终应该像是一场全新的表演。讲师的表演应该像是第一次发现自己正在阐述的真理，这种感觉会增加听众的新鲜感。讲师将发现真理的这一过程戏剧化地展示出来，会吸引听众也加入这个过程中来。如果听众只是袖手旁观，效果就会大打折扣，结果无异于往听众脑子里硬塞东西，记忆的内容很快就会遗忘。

上面所说的内容适用于所有形式的教导性讲话，但如果讲话者并非是简单地传递信息或是阐释数学和精密科学领域的真理，修辞的作用就显得更为重要了。撇开上述两种情形不谈，我们要讨论的就是别的讲话，这种讲话的目的是要说服听众去采纳他们未曾持有的观点，或者让他们改变立场，接受提出来的新观点。

在上述所有这些尝试中，讲话者必须考虑到听众的特点。有特定主题和特定目的的讲座不能不分对象，随便乱讲。我经常被邀请就某个主题去向一些听众发表讲话，可依我之见，这些听众不是目标群体，而讲这样的主题是不合适的。你必须有一定的把握，即听众对你选的主题从一开始就怀有一定兴趣，他们的总体背景有助于演讲者进一步扩大他们的这种兴趣。

仅仅收获听众的这种初步接受是不够的。讲话者要足够敏锐，能猜出听众对讲话主题所持的普遍观点会有什么总体特征。如果这些观点同讲话者要提出的看法是一致的，那么讲话者的任务就是去确认、强化甚或发展这些观点。这样做比改变这些观点并用相反的观点去替代它们要省力得多。

要说服听众改变想法，采纳与他们长期以来固执坚持的观点相悖的观点，就必须用既坚定又温和的方法去消除他们的成见。

年久日深的成见是说服的障碍。消除这些成见后才能开始进行积极的说服工作，消除成见能让听众敞开心扉，愿意接受基调相反的观点。

仅仅考虑听众的心理状况以及他们与所讲主题的关系是不够的。你还必须想到他们对你个人的看法和感受。你的听众可能对你有偏见或怀疑，你必须首先克服这些障碍，才能开始积极的说服工作。用一种有利的方式描绘你的品格证明，这会在讲座中发挥重要作用——这种作用在有效的推销术中会更加明显。

如果你不能确信听众在你讲话前就已经对你的个性和能力有了好印象，你就必须尽一切努力去树立你在所讲主题上的权威。

当然，如果有人在你登台之前的宣传或介绍中这样做了，那是好事；但是过分依赖演讲前的这种品格证明始终是不保险的。根据我的经验，这种介绍要么过分，要么不到位，你必须做出必要的修正来确立你真实的个性。

我有一次经历，终生难忘。当时听众印象中的我和我的真实个性完全相反，结果我选定的主题差点没讲成。

利亚姆·奥弗莱厄蒂原本计划在芝加哥郊区向公众发表有关爱尔兰生活和文学的演讲。由于他在除夕庆祝活动上多喝了几杯，没能在 1 月 3 日如期赴约，活动的组织者临时把我请去顶替他，条件是我要谈谈美国的教育状况。

主席在我开讲之前向听众做了介绍，说我不是奥弗莱厄蒂，而且要谈的主题是教育，不是爱尔兰生活和文学。到此为止，一切平安无事。但令我和介绍我的主席始料不及的是，许多人是在讲座开始以后才来的，只得坐到当时仅剩的前排空座上。礼堂里灯光昏暗，我能看清楚的只有这些人的脸和眼睛。他们脸上出现的困惑和怀疑的神情让我心神不宁，我只得停止演讲，向他们解释我是谁、为什么在这里、要讲些什么，之后我才舒了一口气，踏实地继续我的演讲。

除了运用品格证明去赢得听众的共鸣之外，在做推销术和讲座时，还必须运用情感证明这个因素来加强你的说服力。我已经指出在涉及数学和精密科学领域的主题讲座中应该如何做到这一点。在这种讲座中，讲话者只需要夸张地表达出传递知识的激情，以便使听者也产生同样的激情。如果要讲的主题属于其他领域，光做到这一点就不够了。

在实用性说服的发言中，你应该力图激发听众的情感共鸣，这种共鸣有利于他们采取你所希望的行动方针。你不仅要激发这种共鸣，还要让这种共鸣稳定地朝着你希望听众参与的方向不断发展。在只有理论目的而没有实用目的的教导性讲话中，你就得以不同的方式来运用情感证明。

在教导性讲话中，你必须首先调动自己的情感。你必须尽量清晰地展现出你本人对所阐述观点的情感认同。你若表现得无动于衷，那就完了。除非你怀着满腔热情来提出你希望听众采纳的观点，否则就很难指望听众会对它们产生浓厚的兴趣，更别说让他们愿意考虑同你分享这些观点了。

这种情感的热忱可以体现在你对正在谈论的问题的阐述中，或者体现在你为解决问题提出的观点里或你建议的解决方案中,甚至你可以在这三个方面都有所表现。要让说服生效，光凭条理清楚、论证有力和逻辑严密是不够的，无论这些特性表现得多么令人满意都不够。你自己私下进行的思考现在要公开表达出来，就必须兼具知识的力量和情感的力量。你不仅要指导听众的思维，还必须打动他们的心。你若要打动他们的心，那就首先需要打动你自己。

你的论证越是抽象，就越容易远离日常经验，听众就越会觉得“学术化”，你就越有必要去克服听众在聆听和领会你的发言时可能遇到的困难。如何克服？说出来会很奇怪，那就是在演讲中多利用你的身体语言。

我这里说的是你要把全部体能投入到声音、身姿以及需要调动头部、身体和手臂的肢体语言中。反正，身体参与表达会让发言显得更加具体，表述过程中也会释放出的更多的体能活力，这可以弥补你所表达的观点的抽象性和远离生活的生疏感。

画在黑板上或是用其他方式展示的示意图，都同样能起到帮助作用。你在发言时，可以在示意图上指指画画，帮助听众理解。手头没有实物时，你可以用手在空中比划一张示意图。

“左边，”你可以说，“是我认为站不住脚的一个极端观点。右边，”这时指着相反方向，“是同样站不住脚的、与之相反的极端观点。但中间，在它们之间，”这时你的手在中间上下比划，“是折中观点，调和了两个极端观点各自体现的部分真理。”在接下来的讲话中，你就可以分别指着左边、右边或者中间，让你的听众去思考你正在比较和评价的这三个观点。

还有一个相似的方法，是用你的手指提醒听众注意你希望他们记住的一系列观点。“这是第一点，”你可以边说边伸出一根手指；“这是第二点，”这时伸出两根手指，用相同的手势强调；依次类推。

在做这类手势时，你的语调应该显示出轻重缓急：语调在重点出现时要上升，向另一个重点过渡时要下降。

大多数人，甚至那些接受过足够的学校教育的人，都觉得很难超越自己的想象力，或者在不借助生动形象和具体例子的情况下进行思考。但是抽象思维，尤其是相当高层次的抽象思维，对于思考任何重要主题，当然是指包含基本理念的任何主题来说，都是不可或缺的。

完全凭借有具体意义的词来思考这种主题是很难做到尽善尽美的；更糟糕的是，这种思考常常会因诉诸想象和具体例子而受到歪曲或变得混乱，因为它们往往会使理念变得更加模糊而不是更加清晰。所以，你必须引领听众进入抽象思维的高度，超越他们想象范围的认知。

在大学以及面向公众做正式讲座的五十多年时间里，我吸取了一个同刚才讨论的问题有关的教训。讲解任何主题，决不要摆出居高临下的架势，过于低估听众的理

解力。如果你这样做，他们很快就会对你讲的那一套失去兴趣。如果你讲的东西都过于简单，都是他们已经知道或者完全理解的东西，他们又何必花大力气来听你的讲座呢？

始终要讲一些超出他们理解力的东西！凭借你讲话的热情、体能以及你的肢体语言和抽象内容的紧密配合，你应该能够促使他们开动脑筋，去获取他们前所未有的见识。

假如你讲的有些东西超出了他们的理解范围，那也无妨。对他们来说，通过努力理解而成功得到启迪的感觉（即使他们感到还有些东西依然没弄懂），比坐在那里听你居高临下的讲话而受到的侮辱要好得多。

我再三说过，真正伟大的书，就是那为数不多的始终让人难以理解的书。这就是为什么它们可以作为一种工具,被人一读再读,而且每读一遍都能学到更多的东西。你每次有新的理解，都是你思想的进步；同时，你会认识到，还有东西需要你进一步努力才能理解——这也是思想的进步。

事实上，就提高理解力而言，任何一本能促使你思想进步的书，对于你来说都是伟大的书，虽然对于别人来说未必如此。要读的书是这样，要听的讲座也是这样。只有那些能增加知识和提高理解力的讲座才是让智力获益的讲座。

我极力推荐的这个策略，即讲的东西要足够深刻，必须通过两条告诫来加强制约。一条告诫是要精确地评估听众的水平，确保内容不会过分超出他们的理解能力，以免他们经过努力后仍一无所获。

记住这条告诫；另一条告诫是确保他们能理解的内容足够多，这样一来，这些内容就能为他们拓展思维提供坚实的知识基础。这会鼓励他们去做出努力。但是如果要使讲述式的教导有益于智力拓展，你就必须要让他们开动脑筋。

正如品格证明和情感证明在推销术和讲座中发挥各自的作用一样，逻辑证明也是如此，但其中也有差异。在推销术或任何其他形式的实用性说服中，论证始终应该尽可能简单明了，简洁到几乎难以觉察的程度；而在精彩的讲座或教导性发言中，逻辑内容应该包含篇幅较长的论证，并要对采取的步骤详加叙述。逻辑证明应该被展现得一清二楚。

重复是个很好的手段，应该多加运用而不是回避。

以多种不同的方式重申同一个观点能够使重复变得更加有效。如果某个论证过程像大多数情况下一样，复杂而深入，那么讲完之后就应该给出一个简单的总结，即用几个简短而醒目的句子归纳一下，诸如“简而言之”这样的话。

另外两个希腊词可以用来形容教导性发言和说服性发言中额外考量的因素。一个是排列（taxis）；另一个是措辞（lexis）。

排列是演讲的组织结构，即演讲的三个组成部分的顺序。第一部分是序言，即开场白或导论；第二部分是演讲的主体；第三部分是结束语，即结尾或结论。

在大多数的推销术中，开场白首先应该试图建立讲话者的品格证明，随后应该把情感证明代入其中，逻辑证明则应该留到最后。

推销术，尤其是比较简短的推销术，其结构相对简单。结构过于复杂、篇幅过于冗长的推销术是达不到预期目的的。许多政治演说家都会犯这个错误。有些伟大的演说读起来十分精彩，但在现场几乎听不下去。林肯的葛底斯堡演说是一篇当之无愧、实至名归的例外。

对怀着学习目的而来的听众发表讲话，篇幅可以略长些，组织结构也可以复杂些。介绍部分应该简单地勾勒出全篇的讲话内容，提一下演讲结构中的三四个主要组成部分，以便听众提前得知他们可以期待听到的内容。有了期待，他们就会听得更仔细些，紧跟讲座内容。他们等于从一开始就有了一张旅行地图，这使他们能够在滔滔不绝、持续进行的演讲过程中随时确定演讲进行到了什么阶段。

开场白，也就是讲座的引言部分，还应该做到另一点。讲座使用的语言和表达方式应该确保能吸引听众的注意。很少有演讲者能完全避免时不时的嗯嗯啊啊、支支吾吾；也很少有人能避免偶尔话说到一半就卡住了；但演讲者最起码不应该在一开始就结结巴巴。

在开场的时刻，演讲者应该讲得响亮清楚，使用的句子要简单有力，不能显出丝毫犹豫或退缩。这样的演讲不仅会赢得所期待的注意力，还会为后面的讲话定下基调，把控好节奏。

演讲的主体部分应该完全按照开场白里描述的方式来安排，前后各部分要有序排列且相互关联。听众在开场白时已经知道演讲者打算给他们讲什么、以什么样的次序讲、一件事将如何过渡到另一件事等。在执行一开始制定的讲话计划时，演讲者应该尽量体现得清晰明确。

比方说，如果演讲由三个主要部分组成，那么每部分结束时都应该对已讲内容进行总结，同时对接下来的内容进行过渡。为了帮助听众弄清楚他们听到哪里了、此刻在听什么以及接下来要听到什么，重复也许是必要的。

写作中却要避免重复，因为读者可以翻到前面去重温某个只是提及而未经详述的观点，这条规则不适用于讲话。相反，正是因为听者无法返回去再听一遍前面说过的话，所以需要重复。讲话是连续不断地进行的，如果听众需要记住前面讲过的重点才能更好地理解后面的内容，那么演讲者必须对前面讲到的重点予以重复。

讲座的结束语或结尾部分应保持简短。啰啰唆唆会让效果适得其反。结束语应该设法以最简短的篇幅和最清晰的话语对整场讲座进行总结。结束语和开场白一样，必须精心构思、表述有力。讲结束语时应该语速缓慢、声音铿锵，使听众相信这场讲座已经履行了承诺，达成了目标。结束语还应该略带情感表露，让听众加倍珍惜他们聆听的内容。

最后再说说讲座的时长问题。对听众来说，半个小时到一个小时或许是最令人舒服的时长。然而，有时候要谈的内容需要超出这个时长。如果是这样，演讲者应该找一个合适的间歇点，让听众小憩片刻，然后再继续把讲座讲完。

我发现，如果一场讲座按正常速度要讲 1 小时 20 分钟，那么你事先宣布你大约在 50 分钟讲完第三大点后稍事休息，然后再花 30 分钟讲完剩下的内容，这样安排会大有好处。在中间休息时，你甚至可以请听众原地起立，做三次深呼吸，伸伸懒腰，然后坐下，以便你可以继续顺利讲下去。

最后要考虑的一点是措辞。这里我们要谈的是讲座的语言或文字风格，即遣词造句和避免歧义。如果使用某些词语无法避免歧义时，要对这个词语的两种或三种不同但相关的含义进行区分，来提请大家注意这个用法。

演讲者使用的词汇应该有所设计，以与听众的词汇量大致相符。是大致相符而非完全相符，因为演讲者也许有必要引入一些日常用语中不会出现的术语。

这些术语应该尽量少用，而且在使用听众会觉得陌生或特别的词时，要特意提请听众注意这些词，并仔细解释它们的含义。

有时，做讲座的人必须使用一个常用语来表达一个很不常用的含义，这个含义甚至可能同日常的含义大相径庭。对此一定要特别留意，让听众知道这种多义词要表达的含义，也许还得提醒他们好几次，否则他们会感到困惑不解的。

尽可能少用技术术语和艺术术语，也尽可能少用常用词来表达不常用的意思，这或许是使口头教导，尤其是对普通听众的讲话变得卓有成效的第一条语言规则。行话和晦涩的语言应该不惜一切代价予以避免。

语言风格的另一条规则可以用两句话来概括。一方面，使用的语言和构造的句子应该清晰明了，又不能过于平淡无奇；另一方面，它们应该高于日常表达，又不至于晦涩难懂。这些规则说起来容易，做起来却很难。

第六章　准备讲话和发表讲话

唯一不可能做准备的讲话，是晚宴主持人突然邀请你发言。遇上这种情况，你只得靠临场反应和机智了。你在这种场合唯一可以肯定的是，简短讲话会受人欢迎；听众期待的是你的机智而不是你的大智慧。你的发言只要贴切中肯即可，不一定需要有多少分量。

有些人深信自己有能力在其他场合即席发言，前提是他们事先对听众的特点以及要谈的主题有充分的了解。除了少数天赋异禀的人能在不打草稿的情况下发表内容充实、形式完美、修辞精妙的讲话，我们其他人最好还是老老实实事先准备。

我认识几个这样的天才人物，比如芭芭拉·沃德、阿德莱·史蒂文森，还有马克·范·多伦。他们即席讲话的能力令人惊讶，雄辩的句子和流畅的段落脱口而出，就像青年莫扎特笔端流淌出来的协奏曲和交响曲。我不知道他们在讲话之前曾打过什么腹稿，也不知道他们在开口之前是如何在头脑中形成这种讲话的。反正他们是如何做到的都无关紧要，因为此等天才人物并不需要从我本章要说的建议里获得任何帮助。

温斯顿·丘吉尔给许多人的印象是他也是这种演说家。在第二次世界大战爆发之初的日子里，我怀着敬畏的心情在收音机前收听他的演讲，他的演讲组织得极为出色且雄浑有力，中间出现的犹豫和停顿都表明他是在发表即兴讲话。有许多次他好像是在寻找接下去要说的词。但实际上，正如我后来才得知的，他的讲话完全是事先写好的，是他讲得十分巧妙，把即兴讲话的全部特性发挥得淋漓尽致。

如何不折不扣地取得这种效果，是我在本章提出建议的主要目标。我脑子里的建议不可能把遵循这些建议的人变成另一个丘吉尔，因为他也是独一无二的天才。然而，我认为我的建议能使每个人在发表讲话时取得一点丘吉尔的效果。

我的全部建议是要你把要讲的内容以某种形式写下来，因此重要的是首先要认识到，写出来供人阅读的东西与写出来给人听的东西在性质上是截然不同的。听与读之间的显著区别是：一个要你随着不可逆转的讲话一路听下去，一个则准许你以自己的速度进行，并且只要翻翻书页就可随意朝前或朝后阅读。而写讲稿则要求你为听众调整写出来的东西，使之不同于写给别人阅读的东西。

要发表文章或出书的作者脑海里当然会有读者的形象，但这个读者形象很难像讲话者要面对的听众的形象那样明确。此外，写出来供人阅读的文字并不伴有身体姿势、面部表情、抑扬的声调、不同的停顿以及口才所具有的其他一切微妙的辅助手段。因此，你为读者写作时，必须用其他手段获取你试图获得的一切效果；而当你写演讲稿时，你能够并且应该精心组织你的讲话，使你能够预见你在发言时将如何通过非语言的手段来产生效果。

除了上面提到的天才，对于我们其他人来说，应该快速认识到用写提纲的方式准备讲稿带给我们的种种好处。文章或书可长可短，因为读者不一定要一口气将它读完。口头表达则始终有时间限制。你也许事先就知道你的讲话应该控制在半小时或更短的时间内，有时也许会被告知你的讲话时间可以更长一些。无论哪种情况，你都必须采取必要的措施去抓住听众的注意力。

希特勒、墨索里尼和斯大林的演说也许大大超过了听众能够凝神静听的正常时间长度，但由于他们的特殊身份，其中许多听众去听演讲可能是被迫无奈。埃德蒙·伯克在议会发表的著名讲话远不止一个小时，但不能忘记的历史事实是，当伯克站起来向议会发表讲话时，议员们鱼贯而出，几乎全跑光了。他意欲发表的演说到头来只能供人阅读了；也许他知道会发生这种情况，所以是有备而来的。

现在，我们再来探讨一下我们这些普通人所要面对的任务，因为我们无论怎样都成不了天才。

我们有半小时或一小时的时间去吸引并维持听众的注意力，然后在此基础上，利用这段时间把我们要讲的内容有条不紊地传达给听众。让那些自认为可以不顾时间限制的普通演讲者倒霉去吧！我是从自己的一段可悲而又可笑的经历中明白这一点的。

1937年，也是马里兰州安纳波利斯市的圣约翰学院执行新课程的第一年，我从芝加哥大学前去给该校学生做十场关于亚里士多德哲学的系列讲座。这些学生都在研读这些伟大的著作。我犯了个错，误认为他们对这个主题的兴趣必定很高，我可以尽情地讲完每场讲座涉及的主题，能讲多久就讲多久。我的讲稿都是事先写好的，即便我的语速很快，每场讲座也都花了两个多小时。

那些可怜的学生一声不吭，全程备受煎熬，他们以为这煎熬就是他们这些支持新大纲的志愿者都要经历的新奇体验之一。最后他们才明白不是这么回事，他们根本不需要遭受这等煎熬。当我第二年去做另一个系列讲座时，他们想出了种种办法，迫使我的讲座进行一小时就得暂停一次。

在我 1938 年的第一场讲座上，晚上 9 点 15 分，也就是我正好讲了一个小时的时候，学生自己的闹钟和报告厅走廊里的闹铃一齐响了起来。我只得等到所有的闹铃停下来之后，才最后把讲座讲完。

还有一次，也是晚上 9 点 15 分，一个学生拉下了总电闸，报告厅里一片漆黑，我在讲台上只得划亮火柴看讲稿，坚持完成了讲座。

我最后终于明白过来，于是把我的讲座压缩到了能听下去的长度。从 1938 年开始，我每年在圣约翰学院所做的讲座不仅要压缩到一小时左右讲完，还要伴随一个由学生们巧妙策划的恶作剧，不过我们双方都乐在其中，算是纪念一个演讲者的错误，而这个错误是由他的听众予以修正的。

既然时间有限，任何讲话者都不得超时，事先打草稿的理由应该一清二楚了。要是没有这种事先准备，发言时必定会东拉西扯，尤其在遇上有满肚子话要说的主题时，甚至会情不自禁地越扯越远。所谓“东拉西扯”，我指的是总会在这里或那里偏离主题，在这一点或那一点上超时发挥，而一篇周密设计的讲话是不需要用那么长时间的。

要在规定时间内安排好演讲的各个部分，让各部分相互之间按适当的比例联结起来，那就有必要仔细地计划讲座的组织结构，并把这个计划写出来，在讲台上演讲时清晰地呈现出来，就像大多数交响乐队指挥翻动身前指挥台上的乐谱那样。毕竟，不用乐谱的指挥通常不是作曲家本人，而是具有超群记忆力的乐曲演奏者。相比之下，演讲者既是演讲的执行者，又是演讲的创作者。

如果你已相信做演讲或讲座之前需要打个草稿，那么有两种草稿形式可供你选择。你既可以用主题词（而不是完整的句子或段落）把要讲的内容写成提纲，也可以用散文段落的形式把讲话内容全部写出来，从而让它看上去完全像一篇可发表的论文。

在学术团体或学术性协会的会议上，学者们发表讲话往往采取后一种形式。讲话者事先知道，他的讲稿之后是要交上去放在会议汇编里发表的。参加过这种会议的人都知道，这种讲座或演讲是多么乏味，很少有参会者会认真去听，因为他们知道，假如有什么内容值得一听的话，他们之后可以去读它，收获会更大。一字不漏、照本宣科的讲话让人几乎听不下去，很少有值得你花九牛二虎之力去专心听完的。

与之相反的是另一种形式的书面准备，即用主题词写出的简短提纲，越简短、越扼要、越紧扣主题就越好。我第一次给芝加哥大学的校友做如何阅读一本书的演讲时，就是根据写在一张 5 英寸长 3 英寸宽的卡片正反两面的提纲讲的。靠着眼前的这份提纲，我设法在一小时内讲完了后来在一本 300 多页厚的书里论述的内容。

那么我为什么不推荐大家都用这种提纲形式来准备讲座呢？我的回答是，它只适用于某些主题，讲话者在有条不紊地论述这些主题时，必须对讨论的各个部分了如指掌。此外，只有在讲话者经常讲这个主题，脑子里装满了能够清楚、连贯、中肯地表达这一主题思想所需的词汇、短语和句子的情况下，这种提纲挈领式的草稿才能有成效。

相反，如果要做的讲座或演讲需要讲话者在准备过程中对所选的主题有独到的思考；如果这种思考需要演讲者首次用恰当的语言来表述脑海中初次形成的思想；如果讲话者不像我们中极个别人那样具有超群的记忆力，凭一两页提纲就能有效地记起那些话语，而不会期期艾艾，磕磕绊绊，那么讲话者在讲台上最好准备一份比提纲更详细的讲稿。

情况既然如此，讲话者是否必须回到我认为枯燥至极而不予考虑的另一个极端呢？也就是讲话者把讲话稿全部写出来，然后向听众大声朗读，这种听读演讲稿远不如听众自己默读的效果？这两个极端之间有没有一个中间地带呢？我认为有，那就是丘吉尔采用的方法，他照着事先全部写出来的讲稿讲得如此精彩，感觉就像是在做即兴讲话。

这个中间地带就是以提纲形式写下完整的句子，可以是一个句子，也可以是几个句子的组合，相互之间要有一定的间距、从属关系和缩格。这种讲稿的页面与写满一个又一个冗长的散文段落的讲稿页面截然不同。由于这种提纲具有的间距、从属关系和缩格，尤其是因为写下的每一行都很短，两边都留下很宽的页边距，因此，提纲上的内容一目了然，你就能从讲稿上抬起眼来，看上去像是在做脱稿发言，或至少看上去像是拿着一份提纲在发言。

如果换一种方式，把演讲文字全部分段落写下来，那演讲时就没法装了，只能是照本宣科，从而带来各种令人不满的后果。如果你读稿的时候抬头看听众，你就有可能在稿子上找不到接下来的内容，讲话就会结结巴巴。

我推荐的折中方案，就是以提纲形式写出完整的演讲稿，每单元只用一两个句子概括，既能够让你避免照本宣科，也能使你全面掌握你第一次的讲话内容。它还能确保你精确地掌握时间，因为凭过去的经验你可以得知一小时左右能讲几页这种提纲式的讲稿，从而避免超时。另外，在演讲前你可以给讲话内容的各部分精确地分配好时间，防止这样或那样的离题或跑题，以致耗费掉过多的时间，留给值得多谈的问题的时间也就所剩无几了。

到目前为止，我主要描述的是简明扼要的提纲和写出来仅供阅读的完整讲稿之间的折中方案，这也许还不足以具体表达我心中的意思。唯一的弥补方法是在书后附一个清晰的范例，介绍我所推荐的这个折中方案。

这个增补内容为附录I。这是我去年在美国神经外科医生协会年会上的一份演讲稿。

我受他们邀请发表了一个他们称之为“哈维·库欣纪念演说”的演讲。我选择了一个我认为适合这个场合的主题，即思维与大脑的关系，内容涉及天使、人类和野兽，以及被视作人工智能化身的机器。

虽然我以前写过同这个主题密切相关的书——一本是几年前写的《人的差异及其影响》，另一本是最近写的《天使和我们》，但是想到这个特殊的场合和特殊的听众，这又促使我重新思考了想讲的内容，并将我的想法用可以有效传达的语言重新梳理了我的思路。

因此，我采用了以书面形式准备讲座的两个极端之间的折中方案。我把要说的话用完整的句子写下来，但讲稿上只是我写出来的提纲，因此，我演讲时就不会显得像是在读文章。翻到附录I，你们就会发现它是如何做到的，又是如何以我所描述的方法产生作用的。

你会发现，附录I的这种提纲式讲稿可能在其他方面也有指导意义。我认为，它能具体说明我在前一章里提出的诸多观点，即构成一场有说服力、有启发性且悦耳动听的演讲的五个因素或要素所发挥的作用。代表这五个因素或要素的是我使用的五个希腊词：ethos（品格证明）、pathos（情感证明）、logos（逻辑证明）、taxis（排列）和lexis（措辞）。这几个要素在我的“哈维·库欣纪念演说”里都能找到。当然，你们感受不到我演讲时使用的肢体动作、面部表情、语调变化以及停顿等。

到目前为止，我尚未提及写这种提纲式讲稿初期的几个准备阶段。我自己初期的准备步骤如下：首先，我

会重温一下以前对这个主题有过的思考，这可以在我已经写的和出版的书籍或文章中找到。然后，我拿出一本很大的黄色便笺簿，在“随手笔记”的标题下记下脑子里冒出来的新想法，想到什么记什么，有点像自由联想那样。这样的随手笔记，我可能会写好多页。

下一步是检查这些笔记，判断哪些观点相互关联，以及如何把它们关联起来才能形成讲稿的一个主体。思考完这些，我随后就以主题句形式在纸上写下一个简短的讲稿提纲，标明什么应该在开场白中讲，什么应该构成讲话的三四个主要部分，以及什么应该留作结束语或结论。

完成这项工作之后，我就准备以附录 I 所示的提纲形式把讲稿全部写出来。清晰的打印稿出来后，我会在正式讲座前再修改一两遍，而演讲中的感触会促使我再修改一遍，然后才存档，以备在其他合适的场合再次使用。

始终让我感到诧异的是，发表演讲可以让人收获很多东西，而你在演讲前是无法发现这些东西的。你从听众那里得到的反应能告诉你如何去改进演讲。你在实际演讲中遭遇的某些不适会提醒你必须改变哪些方面才能让讲座变得更加轻松自如些。

听众的反应是整个演讲的重要组成部分。你从听众脸上或眼中看到的东西几乎能立即告诉你，你是否把话说明白了，以及产生了哪些其他的效果。这种反馈是有效演讲不可或缺的。

因此，始终要坚持礼堂里要有良好的灯光照明，让你能够看清楚台下的听众，这是明智的要求。礼堂里的灯光布置有时会出问题，演讲者站在聚光灯下，而观众却处在黑暗中。如果你无法看到观众，甚至无法用讲话者的触角感受到你的听众在想些什么，你还不如去对着空荡荡的大厅发表讲话呢。

还有几点注意事项，这是演讲者在检查要发表讲话的场地时要牢记在心的。房间的照明是否合适？有没有高度适宜的讲台或讲桌？讲台上方的光线是否足以让你看清讲稿？扩音设备灵不灵，会不会发出啸叫声或其他杂音？音响设备能否控制好你的音量？

只要有可能，所有这些事情都应该事先落实到位。临到最后关头才发现演讲场馆的这些物质条件未能满足要求，这时候再来弥补这些缺陷可能就为时已晚。

还有一点需要牢记。有时在给听众做演讲之前，演讲者会被邀请出席晚宴。他们有时要在演讲之前就演讲内容接受记者采访。不管怎样，演讲者可能会在预定的演讲时间之前就不得不透露演讲内容。这些都是严重的弊端，应该像躲避瘟疫一样加以避免。

在踏上讲台准备开讲之前，应该坚决拒绝谈论为这次讲座选定的主题。如果在演讲前的一小时里，你无法避免参与其他话题的交谈，那么至少你要坚持在启幕前有十到十五分钟安静的独处时间。这或许能帮助你恢复马上开始演讲所需要的脑力与发言的精气神。

马克·吐温在答复询问他一次讲座要多少报酬的邀请信时（在物价还没上涨的那个时期），他总会回答说，演讲要 250 美元，但要是在演讲前还得参加宴会的话，报酬就要翻一番。

我上面讲的是关于面对面给现场听众演讲的诸多内容，也适用于给电视观众发表的实况讲话，甚至也适用于录播的演讲。提示器的使用取代了讲台上的讲稿。如果能娴熟地使用这一设备，电视观众又毫无觉察，那么演讲听起来就像是即兴而非经过排练的，这对听众具有极大的吸引力。

电视上的演讲，无论是实况转播还是录播，演讲者都具有报告厅里演讲所不具备的一个优势。演讲者只要正视摄像机，就相当于正视正在观看电视荧屏的每一个人的眼睛。当有人正视你的眼睛时，往往就会吸引你的注意力，而这时候转移你的目光是不礼貌的。

然而，在报告厅或礼堂里，无论灯光有多亮，演讲者都无法正视在场每一个人的眼睛。你也许可以把目光集中在一个人或一小群人身上，但你在讲话时，你的视线必须在报告厅里保持移动，因此，部分听众就会在你没有正视他们的时候把目光从你身上移开。

在电视上发表演讲也有一个很大的劣势。你是在盲目地进行演讲。你知道电视观众就在那里，但你看不到他们的脸，感觉不到他们的存在，也觉察不到说明他们走神或入迷的肢体动作或面部表情。因此，面对无法提供这种反馈的听众演讲要比给面对面的听众演讲困难得多。

第三部分

缄口静听

第七章　用心倾听

青春年少时，每个人都有一份小小的天赋，也就是说，他们真的会听人说话。他们既能听，又能说。后来，年岁稍长，他们许多人开始感到疲倦，听得越来越少。但是还有一些人，很少一部分人，仍能继续听别人讲话。终于，他们都老了，再也不想听了。真是悲哀，我们还是不去谈它吧。

——格特鲁德·斯坦因，桑顿·怀尔德报道

耳朵与眼睑毫无可比性，但它们可以和眼睑一样有效地闭合。有时候，耳朵和眼睑会同时闭合，但更多时候，往往是眼睛睁着，耳朵却闭上了。无论是视而不见还是充耳不闻，如果已经心不在焉，一切都无关紧要了，因为这时你的所见所闻都是没有意义的。

倾听和阅读一样，主要是一种脑力活动，而不仅仅是耳朵或眼睛的活动。如果这个过程不涉及大脑的积极参与，那就只能叫作听见，而不是倾听；或者叫作看见，而不是阅读。

人们对听和读最普遍的误解，就是认为它们只是被动接受而不是主动参与。他们对写和说就没有这样的误解。他们承认，写和说这两种活动需要耗费精力、时刻保持专注，而且需要通过书面或口头的交流才能抵达他人的内心世界。他们还认识到，写和说的技能因人而异，有些人在这些方面的能力更强；他们知道只要重视写和说这门艺术的规则，并付诸实践，就能提升写和说的能力，熟练地写和说就会逐步变成习惯。

正如我在《如何阅读一本书》中指出的，阅读需要学习的第一课就是用心去读，而不是只用眼睛去看。它必须和写作一样，完全是积极主动的。被动的阅读几乎总是只用眼睛而不动脑子，其实根本谈不上是阅读。

这种被动阅读，就好像为了轻松一下或者消磨时间而看电视，让屏幕上出现的一个个画面从眼前掠过。这种看电视的方式在年轻人中间很流行，他们浑浑噩噩，在电视机前一坐就是几小时。这种坏习惯把他们变成了消极被动的读者，阅读时把书本一页一页翻过去，却很少去注意或根本不注意书中用词的含义、篇章的结构和论述的思路。

我在此要重复一下我以前使用过的一个类比：棒球赛中，本垒板后面的接球手和投手丘上的投手一样，都是积极主动的球员。在橄榄球比赛中也是如此，接到前传的边锋和掷球的后卫同样积极主动。在上述两种运动中，接球方都需要积极参与，才能很好地完成比赛。接球与投球一样，也是比赛的重要环节，同样需要很多技巧，只不过两者需要的是不同的技巧。没有球员的共同努力、通力合作，比赛就无法完成。

通过语言文字进行的交流同样如此。如果读者或听者的脑子不积极主动地去捕捉作者或说话人的心思，交流就无法发生。这种深层的含义是以书面或口头的文字为中介传达给读者或听者的。假如我们只用眼睛看或只用耳朵听,而不是用我们的头脑去穿透这些文字的表象，深入了解文字背后的思想，那么我们就不能说自己真的在阅读或倾听。结果就是交流失败，毫无收获，完全是浪费时间。

当然，过错不一定总是在读者或听者这一方。没接住投来的一个野球并不是接球手的错。同样，有些文章和讲话要么空洞无物、没有条理，要么用词不当、令人费解，即使是最优秀的读者和听者也会百思不得其解。有些文章和言谈的表述是如此糟糕，根本不值得给予过多的关注，甚至就根本不值得一丝一毫的关注。

在探讨积极有效的倾听所需付出的努力和技巧时，我会假定那些讲话是值得我们全神贯注地去聆听，我们为听懂对方所说内容而付出的努力、运用的所有技巧，都会得到相应的回报。这样我们才能理解说话者想要表达的意思，达到说话者希望我们理解的深度。

我们暂时先不谈推销术与演讲之间的区别以及它们在目的和风格上的差异。我们接下来将探讨的是，倾听者如何能提高警惕，防止落入说服的圈套，比如有人试图向他们推销商品、谋求他们对某一政治政策或候选人的支持，或者想方设法要让他们在生意上作出某个经营决策。同样，针对演讲这种情况，我们随后还将展开探讨，听者如何才能做到既温顺好学又具有明辨是非的批判态度，既不抵触或漠视别人所教的东西，又不会囫囵吞枣、全盘接受摆在面前的一切。

听的重要性已得到普遍认可。人们一般也能认识到，通过语言文字进行交流的写、读、说和听四种活动中，听的能力很少有出色的表现。

对这一问题稍加思考，任何人都会毫不犹豫地承认，不管掌握了多少写、读和说方面的技巧，他所获得的倾听的技巧——即使有——也是最少的。如果问他为什么会这样，一种回答可能是在他接受的学校教育中，写作训练占了相当大的分量，虽然也有培养阅读和讲话的技巧，但比写作训练少得多，可以说少到令人震惊的程度。而倾听方面的技巧几乎没有得到过任何关注。

另一种回答可能来自观点有误的人，他们认为倾听无非是在其他人讲话时自己保持安静。这种场合也许需要良好的举止和风度，但技巧却无足轻重。

我们都应该感谢斯佩里这家美国大公司，它通过分发广告和手册开展了一场宣传运动，目的是消除人们在倾听方面普遍存在的冷漠和误解。斯佩里公司还投入了企业的时间和资金来开发倾听方面的指导课程，这些课程是向公司各级员工都开放的。因为在斯佩里公司看来，倾听方面的不足以及由此引起的沟通不畅，是导致公司各业务环节时间浪费、运营低效、计划流产和决策受挫的主要原因。

斯佩里公司印发的一本宣传手册指出，在交流的四项基本活动中，倾听的技能是孩子在成长过程中最先习得的，也是人们一生使用最多的，占四项活动 46% 的时间，但却是学校教育中教得最少的技能。

相比之下，孩子在成长过程中紧接着学习的是说话，占 30% 的时间；说和听一样，在学校里几乎也是没有专门教授的。再接着学习的是阅读，最后是写作；阅读的频率要高于写作，它们分别占 15% 和 9% 的时间；但对阅读的指导却比写作少。

不管以上列举的事实和数据是否可靠，可以肯定的是，就普通民众而言，他们对听和说这两个技能的掌握程度要远低于读和写。不管普通中学毕业生和大学毕业生的写作和阅读水平多么差（可能已经差到不能再差了），他们说话的能力更差，而倾听的能力无疑是最差的。

我刚才提到，那本斯佩里公司宣传手册中罗列了诸多妨碍或有损高效倾听的不良习惯，其中包括：更多地关注说话者的言语习惯而非讲话的实质内容；表面上似乎在认真听讲，实际上早就心猿意马；听任各种干扰因素的摆布，注意力涣散，无法集中精力听说话者讲话；对某些恰好激发负面情绪的用词或短语反应过度，以至于在没有充分了解说话人实际意图的情况下，就倾向于否定他讲的实际内容；因为最初就对该话题不感兴趣，也就不让讲话者对其为何重要以及为何应引起兴趣作出解释；最糟糕的是，把听人演讲的场合仅仅看作沉湎于白日梦的机会，因此根本就没有认真听讲。

为了克服这些即便自己没有别人也肯定有的不良习惯，斯佩里公司的宣传手册里列出了“实现有效倾听的十个要点”。其中许多建议不外乎一些告诫，要求听者克服或摒弃那些会妨碍有效倾听的坏习惯。

这寥寥十条积极的建议，却都涉及要用脑子去倾听他人讲话。当然，这是问题的核心所在。倾听的时候一定要积极开动脑筋；感知力不能受不相干情绪的干扰；所讲的内容越难懂或越复杂，就越要用心去倾听。但仅仅这么说是不够的。

听者至少要抱有谦虚的心态，即从一开始就假定对方的讲话有趣有料、值得重视——这么说同样是不够的。虽然讲话者有可能会让人大失所望，但听者一开始还是应该以开放和专注的心态去倾听。

要提供一些人们可以遵循的积极规则，并通过应用这些规则培养高效倾听的习惯。还可以再说些什么，而且是必须要说的呢？

我的回答是，这些规则与高效阅读的规则基本相同。这一点应该不会使人感到意外，因为这两种活动同样都需要开动脑筋。

在阅读和倾听这两种活动中，接受者，即读者或听者，他们的头脑必须透过语言文字，触达表象背后的思想。语言文字引起的理解障碍一定要克服。讲话者或写作者使用的词汇很少会与听者或读者所掌握的词汇完全一致。听者或读者应该通过不懈的努力，去理解可以用不同单词来表达的某个意思。听者必须与讲话者达成一致，正如读者必须与作者达成一致。这实际上就是说，无论表达的语言多么千变万化，始终要弄清语言背后的思想是什么。

倾听和阅读一样，必须注意讲话人或作者试图用来表达要点的那些陈述。并非说出来的所有话或写下来的所有文字都一样重要。在大部分口头或书面论述中，真正重要的论点相对较少。听者和读者一样，必须要发现这些重要论点，并在脑海中加深印象，将它们与所有那些用来衔接、过渡或仅仅用作阐述以及扩充内容的上下文区分开来。

发言同书面文件一样，不管长短如何，都是由不同部分组成的整体。假如值得倾听，它的结构（各个部分组成整体的方式）以及它的前后顺序（一个部分连接另一个部分的方式）就应该是明晰且连贯的。因此，听者与读者一样，一定要努力观察组成整体的各个部分之间的关系和前后顺序。

和写作者一样，演讲者表述时会有一些总体的、起主导作用的目的或意图，这些目的和意图支配着他讲话呈现的内容和风格。听者和读者一样，越能及早领会到这个起主导作用的目的或意图的核心，就越能在有待理解的论述中区分出哪些内容是重要的，哪些内容是次要的。

理解讲话人试图表达的内容，领会其表达的方式，留意演讲者为了让听众接受其结论而给出的理由或提出的论点，这些对于实现高效倾听来说是不可或缺的，这对于高效阅读同样是必不可缺的。但是仅仅掌握这些还远远不够。对于任何需要通过阅读或倾听来理解的东西，读者和听者都必须拿定主意、亮明立场：要么赞同，要么反对。

有的人可能无法做到这一点，因为他认识到自己还没有充分理解所讲的内容,因此缺乏赞同或反对的依据。暂不表示同意或反对的另一个原因是，人们希望得到尚未给出的进一步阐述或论证。不论是哪种情形，一个持有批评态度的听者和持有批评态度的读者一样，应该暂缓判断，留待他日再进一步探究这个问题。

在《如何阅读一本书》中，针对内容和风格都值得仔细钻研的书籍，我提出了充分阅读的一些规则。首先，有几条规则用于分析书籍的整体结构以及其中各部分的有序安排。读者应该能够说出整本书的主旨，以及书的各个部分是怎样层层相连，为全书主旨服务的。

其次，还有一些用于解读书籍内容的规则：去辨别作者概念性词汇中的主要用语；弄清作者的主要观点或主张；识别作者用以支持或辩护这些观点所采用的论证方式；以及留意作者在书中已解决的问题，还有那些不管作者本人是否知晓但书中尚未解决的问题。

最后，还有一些用于评判书籍的规则：指出作者似乎不了解或误解的地方；留意作者从看似合理的前提或假设出发进行推理时出现的错误；以及观察作者的分析或论证在哪些方面显得不完整。

如前文所述，这些规则的目的显然是为了帮助读者阅读一本重要的书而制定的——要是一本伟大的书就更好了。因为能够从中受益，所以人们愿意为这样的书付出大量的时间和精力。

然而，无论一篇讲话多么重要，篇幅多么冗长，它都不会像一本重要的书或一部伟大著作那样广博和深刻。因此，与书面语篇相比，这些阅读规则必须加以简化，以适应口头语篇的局限性。

此外，读者可以不受任何时间限制，反复阅读一本书，以便更好地理解其内容，或者对书作出评判。

倾听与阅读不同，它受到时间的限制。别人的讲话，我们只能听一遍，而且听的节奏也取决于讲话人设定的讲话速度。我们无法让讲话人暂停下来，重复一遍先前说过的话；而在阅读时，我们可以暂时不翻到下一页，而是回过头去把已经读过的东西再读一遍。我们没法举手示意讲话人稍停片刻，让我们思考一下他刚才说过的话；而在阅读时，我们可以随时放下书本，想思考多久就思考多久。

还有其他一些因素，导致积极倾听不像积极阅读那样容易做到。听人讲话时你不必用什么力气，这和你阅读时手里捧着一本书不同。读者手里捧本书至少看上去是个体力活。即便是装模作样地读书也得睁着眼睛，而听人讲话时都不需要睁开眼睛。你可以闭起双眼，停止思考，进入彻底的被动状态，却仍能装出一副正在倾听的样子。

所有这些倾听与阅读之间的差别，不仅说明了为什么高效倾听要比高效阅读困难得多，还表明我们需要提出一套更简单的规则，来指导我们去努力开动脑筋，获得良好的倾听效果。

一个优秀的读者本质上就是一个有着严格要求的读者。有着严格要求的读者在阅读时会保持头脑清醒，他是通过边读边提出问题来保持清醒的。消极被动的阅读实则会使阅读活动变得徒劳无功，因为在这个过程中读者只用眼睛去看文字，而不用头脑去理解它们的含义。

优秀的听众与优秀的读者一样，也是一个有着严格要求的听众，他在听人讲话时保持头脑清醒，脑子里思考的是他听完讲话后要提出的相关问题。

我曾在其他地方系统地阐述过四个主要问题。一个有着严格要求的读者在阅读任何值得一读的读物时，都必须针对读物提出这四个问题，当然这种阅读是为了从中获益或寻求乐趣，而不是为了消磨时间或催眠的。我现在会调整一下这四个问题，把它们运用于倾听活动中。

听一篇讲话，或者其他任何形式的口头陈述，所需的时长类似于读一篇文章或论文，而不是读一本完整的书。同文章或论文一样，讲话的篇幅较短，是一个较为简单的整体，各部分的组织结构也不太复杂。因此，倾听他人讲话时提出的问题可以比阅读一本书时提出的问题更加简单。这些问题如下：

（一）整个讲话是关于什么的？讲话人本质上想讲什么？他是用怎样的方式讲出来的？

（二）哪些是主要的或关键的观点、结论和论据？为了表达这些观点、阐述结论和论据，讲话者使用了哪些专门术语？

（三）讲话人的结论是正确的还是错误的？用来证明它们的论据是否充分，或者这种论证方式是否存在某种不足？讲话人的思考是否足够深入，或者说与其核心观点有关的问题是否并未被触及？

（四）整个讲话的意义是什么？讲话人希望大家采纳的结论会产生怎样的结果？对我来说，它们的重要性或意义是什么？

人们可能会在听人讲话时把所有这些问题记在脑子里，但我们大部分人会发现，在听人讲话的同时尝试回答这些问题是不可能的。然而，在听完讲话后通过反思来回答这些问题，却是倾听中不可缺少的环节。如果这些问题不能在演讲者讲话时得到回答，那么就必须在听后反思时予以回答。

在积极阅读一本长篇著作，甚至是一篇短文时，只做到持久地开动脑筋和高度集中注意力是不够的。读者还必须经常使用钢笔或铅笔做笔记，或是在书上做标记，或是把一些笔记记在页边空白处、书后空页上，或是便笺本上。

既然倾听一篇讲话或其他任何形式的口头论述，实质上要比阅读一本书或一篇文章更为困难，那就更需要在倾听过程中用钢笔或铅笔在纸上做些笔记。娴熟的倾听离不开娴熟的笔记，其中既包括倾听讲话时的笔记，也包括讲话后听者查阅笔记所做的反思笔记。然后，听众应该就听到的内容和思想发生的变化重新整理出一份更好的笔记。

在《如何阅读一本书》中，我承认了这样一个事实：尽管我们多数人在大部分情况下的阅读收效甚微，但当利益与自己紧密相关、非读不可的时候，我们每个人在某些特定情况下也许都能把书读好。为了说明我的这一看法，我曾写过如下内容：

一个平时阅读很肤浅的学生，可能会因为某个特殊的原因认真阅读某个东西。学者们与我们其他人一样，他们的阅读大部分也是肤浅的，只有在某一份材料涉及他们那个狭窄的研究领域时，尤其是当他们的名声取决于他们对有关问题发表的言论时，他们常常会读得非常仔细和谨慎。一个律师对于与他本身业务有关的案例，往往会条分缕析地阅读。一位内科医生同样会仔细阅读和他目前密切关注的症状相关的临床报告。然而对于其他领域的读物，或者在其他时候，这些有学问的人也许根本不会下同样的工夫。当投资人接到审核财务报表或合同的通知时，即便是商界也会呈现学术界那样勤读好学的气氛……

如果不考虑职业或工种，只笼统地来看男性和女性，我只能想到在一种情况下，他们会全凭自己，竭力阅读得比平时更出色。那就是他们在恋爱中阅读情书的时候，他们会一丝不苟，每一个字都要读上好几遍；他们会读出字里行间的含义；他们会根据各个部分来理解全文，再根据全文来理解每个部分；他们对上下文和模棱两可的词句、对暗示和言外之意变得敏感；他们觉察用词的色彩，品味短语的用意，掂量句子的分量。他们甚至连标点符号也不肯放过。如果说他们以前从未这样阅读过，以后也不会，但在此时此刻他们的确是这样阅读的。

阅读的情况和倾听的情况完全相同。和我们聚精会神地读情书的情景一样，我们很容易想到，在某些情况下，每个人会付出必需的努力，全神贯注地听人讲话。举一个例子就足够了。其他类似的事例比比皆是。

你正乘坐飞机在海洋上空飞行，这时飞行员通过机上通话系统说道："我是机长，现在在驾驶舱里对你们讲话。我们被迫要在 12 分钟后紧急迫降。我将告诉你们要采取的步骤，让你们做好准备。请仔细听好。我讲话结束后，机舱乘务员将来到机舱过道，你们会有许多时间向他们提问。不要惊慌。如果你们听明白并按照要求去做，就不会发生任何伤亡事故。”

遇上这种情况，难道你不会全神贯注地倾听，并拼命去理解机长的讲话吗？或者，如果没有听明白，你难道不会尽力提出明确的问题，并认真仔细倾听给出的答案吗？

第八章　倾听时和倾听后的笔记

在我撰写的所有书籍中，《如何阅读一本书》自1940年出版以来重印次数最多，读者人群也最广。读了这本书后生活产生变化的读者们向我表示了感激之情，这一反馈最令我欣慰。阅读这本书也使他们获得了更多的教益和乐趣，并且使他们能够一览那些伟大的著作，从而有了毕生的追求。

在我撰写的所有文章中，1941年发表在《星期六评论》周刊上的题为《如何在书上做标记》的那篇文章，被收录在文选和教科书中的次数最多。《如何阅读一本书》强调阅读时要积极开动脑筋，始终带着问题去读书。这一点不用钢笔、铅笔或便笺本也能做到，但为了确保你在阅读时能始终保持积极主动，最好的办法是逐页记笔记，这时你不能躺在床上或者靠在扶手椅里，而应该坐在桌子前。

边阅读边做笔记的益处很多，这一方法当然应该介绍给任何一位稍不留意就会陷入被动阅读的读者，但做笔记并不是一定要采取的方法。如果你聆听的讲话相当简短，也许你就没有必要边听边做笔记。但如果确定讲话可能比较长而且比较复杂，那么你最好带上笔和纸去听讲。除非你的记忆力比大多数人都好，否则我还是建议你记点笔记。不过，只有在一篇讲话确实内容丰富、意义深远的情况下，你才有必要这样做。

边听边记确实富有成效，也是可取之道。边听边说则效果适得其反。

听讲时所做的笔记，记录的是你听讲时经过大脑处理的内容。这些记录使你能够接着进行第二个步骤，我认为这个步骤与倾听具有同等重要的作用。你在听的过程中记下的笔记，连同你脑子里记住的东西，都为你提供了思考的材料。

接下来进行的思考，应该促使你整理出第二组更有条理、更全面、也更具批评性见解的笔记。这些总结性的笔记标志着你完成了积极倾听的活动。你已经尽可能地开动脑筋，回应了讲话中你认为值得注意和评论的内容。

这两份笔记的主要差别在于：第一份笔记必须按照讲话人的语速去记，而做第二份笔记时你可以自己支配时间。此外，你听讲时所记笔记的顺序取决于讲话内容的先后顺序，而在整理第二份笔记的过程中，你可以自己另行安排顺序，只要有利于理解你所听内容的要点和表达你自己对它的心得体会即可。

有些人为了节省时间，试图边听边做本该留待事后思考时才做的事。这些人试图在记下他们自认为的讲话人发言的同时，匆忙写下他们自己对这些讲话的心得体会。这种做法不仅降低了笔记的准确度，也会使他们在倾听过程中遗漏许多内容。他们满脑子都是自己的想法，因此几乎没有注意到说话人表达的思想。

即使你没有事后经过充分的思考，进而通过做第二份笔记以继续完成倾听的任务，也不要试图把听讲时做的笔记与你自己的听后反思混记在一起，这是一种要避免的错误。只会更多地关心表达自己的想法，而不会仔细倾听别人试图表达什么，这样的人是非常拙劣的倾听者——他们实际上是希望由他们自己在台上发言，而不是在台下听别人讲话。

在前几章中，我把长短不一的不间断讲话分为两类：

第一类旨在说服听众做某事或者使听众的感受发生变化，从而影响他们的行为；第二类旨在通过增加听众的知识，改变他们的理解或想法，从而影响他们的思想。

我把第一类讲话称为“推销术”或“说服性讲话”，把第二类讲话称为“讲座”或“教导性讲话”。但是读者应该记住，我试图把这两类讲话的名称用于尽可能广泛的范围，第一类讲话包括政治演说、商业谈判，以及各种市场营销；第二类讲话则包括其他各种形式的教诲。

针对旨在说服我们以某种方式行动或感受的讲话和旨在改变我们的想法并影响我们的思想的讲话，我们应该采取截然不同的应对方式。因此，我们有必要分别探讨在倾听说服性讲话和倾听教导性讲话时做笔记的方式。我先谈谈倾听教导性讲话时做笔记的方式。

在倾听教导性讲话时，实时记下的笔记至少应该包括你的四种不同观察。

1. 假如你倾听的讲话本身结构严密、准备充分，且易于听懂，那么讲话人就会在他的开场白里告诉你他准备谈论的内容，提纲挈领地指出他想表达的讲话主旨。如果他是一个讲话很有条理的人，他甚至会在一开始就告诉你他将怎样处理他所选定的内容，也会告诉你他将如何逐点深入阐发他的中心论题，最后得出他希望你也同意的一个或若干个结论。

如果是这种情形，你必须一开始就做笔记。许多听众过了好久才突然意识到应该记点什么，在动脑子积极倾听方面显得行动缓慢、拖拖拉拉。他们无法快速适应讲话人的节奏，结果往往抓不住最重要的内容。

当然，并非所有的讲话人都具备应有的条理性，也不是所有讲话人都会在一开始就告诉听众应该特别注意的地方，使听众有充分的思想准备，从而很好地完成倾听的任务。如果做不到这一点，他们的开场白就会显得杂乱无章、漫无边际。

遭遇这种情况时，你会发觉做笔记时会面临更大的困难。你得特别警觉，才能把握住讲话人兜兜转转终于回到主题上的关键时刻。你无法阻止讲话人跑题，但你可以不让自己的思想开小差。竖起耳朵仔细倾听，捕捉那些时不时出现的聚焦于中心内容的陈述，把它们记录下来。

2. 此外，如果讲话人真的希望让你理解他谈论的内容，他会意识到他在讲话中要使用的概念性词汇（或者说基本术语）可能只有他自己会使用，因此他会刻意提请大家留意这些术语。

初次使用每一个术语时，讲话人会说“我是用以下方式使用这个或那个词的”，或者说“请注意，我使用这个词时，指的是——”。无论如何，务必注意讲话人要求你注意的内容。不重视讲话人对某些词或词组的专门用法，意味着没有与讲话人达成一致。做不到这一点，会导致你完全无法理解，至少是基本无法理解台上所讲的内容。

不够细致或周全的讲话人，在使用他们自己专用的词汇时，可能不会费心提请你注意那些被他们赋予特殊含义的关键词。这时，作为一个听者，你的任务则更加艰巨，而完成这一任务也就更为重要了。你必须努力找出讲话者使用的哪些词或词组会使你感到奇怪或生疏，或者至少不同于你自己使用这些词或词组时所表达的含义。遇到这种情况时，尽量多做笔记。

3. 在讲话人论证那些他希望你接受的结论的过程

中，逻辑性强的讲话人会指出他推理所依据的基本前提，不幸的是这种人极少。

所有前提，至少是其中的某些前提，将会包含一些讲话人无法确定为真实的论述，这些论述不能排除合理的怀疑，或者说虽然极有可能，但并非毫无疑问。由于时间有限，讲话人不可能充分阐述他全部或大部分的基本前提。

逻辑性强的讲话人会要求你暂且接受他的各种假设，以此跟随他的推理思路，这样做是为了辨别这些假设产生的结果，看看如何能推导出讲话者希望得出的结论。把这些假设记录下来对你来说很重要，不管讲话人是否能够诚实地承认，它们只是这个特定场合所需要的一些假设，而不是公理或不言而喻的真理，甚至也不是什么已得到充分证明的原理。

许多讲话人未能交代清楚他们的初始前提，也未能提醒人们注意其全部论证所依赖的少数论断。他们也许会拐弯抹角地指出或默认这些论断。你的任务就是保持警觉，探察出那些初始的前提、原理以及假设，这些都为讲话的内容提供了最终依据。如果讲话人隐瞒了这些前提、原理和假设，你做笔记的任务就变得更为困难，但是也就变得更有必要去完成。

4. 如果你所听的讲话是用某种方式从出发点推进到结论的，这种推进将包含理由的梳理、证据的引用和对论点的阐述，它们的呈现或多或少是比较明确的。它们呈现得越是明显，你就越容易记下那些理由、证据和论点。但不管轻松还是困难，你都必须努力用某种速记方法，记下讲话人是怎样把你从出发点带到结论的。

不管讲话人是否事先提醒了要你接受的结论，也不管他是否明确地表达了得出这些结论的依据，如果在听讲的过程中没有把结论记下来，你就无法完成做笔记的任务。

倘若你在听讲时做到了前面提到的四件事，那么不管你的即时记录条理如何、有多简略，它都是一份对你所听内容的充分记录，足以使你进行下一步的工作，也就是回顾听到的内容，对它们进行思考，并给出你自己的反馈。

这项工作并不需要立即进行，因为时间和环境往往不允许你这样做。但如果你真想做，时间也不宜拖得太久，最好是在你记忆还很鲜活丰富的时候，而不是等一切变成模糊破碎的陈旧记忆之时。

在做第二份笔记时，应该做好如下几方面的工作：

1. 首先，不管讲话多么条理清晰或杂乱无章，你都应该尽可能在纸上有条不紊地记下讲话的总结。你可以从你的即时记录中提取素材来写这个总结，再借助你的记忆加以润色。你当场做的笔记很可能会是一份速记，因此事后写回顾性总结时应该尽可能详尽一些。

最理想的情况是，如果演讲者发言时面前有一份条理清晰的笔记作为参考，那么你的这篇回顾性总结要能够和讲话人的发言笔记不相上下。它甚至可能成为关于讲话内容的一份简略书面记录。即使不能全面记录演讲者的讲话，至少也应该准确无误、不偏不倚地呈现所讲的内容。

2. 如果你有这样一篇总结，里面包括了讲话人的初始前提或假设、他使用的具有一定特殊含义的用语（亦即关键术语）、他试图得出的结论，以及他为了论证这些结论所采用的方法，那么你就具备了对你听到的内容进行反思的资格。给出自己的反馈也是积极倾听的一部分，正如它是积极阅读一本书的组成部分一样。

倘若你完全理解了讲话内容，也完全赞同其结论，你唯一需要给出的反馈就是说一声“谢天谢地”。这种情况实属罕见，在正常情况下很少发生。

a. 如果没有发生上述的情况，你的首要任务就是用文字表达出你未能理解的地方。讲话人为什么这样说或那样说？为什么他认为自己提出的理由或论据足以证实他的结论？为什么他没有对自己所说的话可能引起的异议作出评论？他那些没有明确提醒大家注意的特定用词到底是什么意思？

b. 其次，如果你认为自己已经充分理解了讲话的要点或事项，知道是赞同还是反对讲话者的观点，那么你应该陈述你赞同的是什么，反对的是什么。如果你希望在表示反对时保持足够的谨慎，那么你就应该说明这样做的理由。即使是你认同讲话的内容，也应该说明你的认同是基于演讲者提出的理由，还是基于你自己额外补充的理由，这样做也可能会有所帮助。

c. 理解了所听的内容，也并不一定会表示赞同或反对。你可能会发现讲话人对结论的论证在某些方面是不充分的，而你自己也可能提不出必要的论据来肯定或否定那些结论。在这种情况下，你应该在笔记中标注暂不评判。这样就留下更多的工作要你自己或其他人去完成，然后你才能对这些有疑问的问题下定论。

d. 无论你同意、反对还是暂不评判，在听完讲话后，你还需要做另一项工作。假定讲话人的结论是正确的，且可以得到充分的证明，你仍然需要问：“讲话的意义何在？”假定情况相反，即讲话人的结论是错误的，且能够找到充分的证据证明与之相反的结论，你也可以问这个问题。不管是针对上述哪一种情况，最后这个问题都要求你去思索整个讲话的意义何在。

无论是倾听讲话时做笔记，还是事后有时间时做回顾笔记，如果你觉得这些建议似乎过于繁琐和费劲，那么只有当演讲的性质和内容足够丰富、重要，并值得你为之付出这种努力时，遵循建议这样做才是值得的。

当然，有许多不间断的讲话，内容琐碎、陈述杂乱无章，且全篇缺乏条理，根本就不值得洗耳恭听，更不值得那种需要做笔记的积极倾听了。

在遵循这些建议时，需要秉持审慎原则，简单来说就是根据讲话的内容、风格和重要性，可以做适当的调整，灵活运用这些建议。对最优秀的讲话要全力以赴，对一般的讲话付出一般的努力，而对那些根本不值得一听的讲话则完全可以不予理会。

无论一篇讲话多么重要和精彩，如果篇幅不长，那么在积极倾听时笔记可以少记一些、简短一些，不用和上面提到的长篇讲话相提并论。你甚至不必在听讲时实时记录，可以在事后根据你的记忆对讲话内容做回顾和反思性笔记。

当你在倾听推销术、各种政治演说、商业宣传、企业高管的劝诫时（这些讲话的目的都是要你去做某件事或让你产生这样或那样的感受），你应该具备适当的抵制能力，这一点很重要。不要轻易就被那些话打动，但同时也不必筑起一道不可逾越的屏障，让自己无动于衷。

积极倾听这类一般的不间断讲话，通常没有积极倾听教导性讲话那样费力。尽管如此，听讲时做少量简短的笔记可能会有帮助。这些笔记应该采取提问的形式，并应当在后续给出回答。

1. 讲话人想推销什么，或者换句话说，他想让我做

什么或产生何种感受？

2. 为什么讲话人认为我应该被他的这番呼吁说服呢？他提出了什么理由，又列举了哪些事实呢？

3. 讲话人遗漏了哪些我认为相关的要点？他有哪些可能会动摇我的话没有说出来？

4. 讲话人完成说服性讲话后，还有哪些对我而言很重要的问题他未能回答，甚至都没有考虑到？

如果基于上述一项或多项考量，讲话人未能让你感到满意，以致你无法回答这些问题，或者对这些问题的答案尚有疑问，那么你就不应该被说服。这并不是说在目前这件事情上你根本不可能被说服，而是指讲话人还需要做更多的工作来消除你合理的抵制心理，从而让你最终成为一个买家、一个遵从者或某种意义上的同谋者。

在我看来，单靠不间断的讲话就成功说服别人的情况极为少见。这种讲话常常需要用我所谓的双向交谈来加以补充，也就是讲话人与倾听者之间的互动：一方提出问题，另一方回答问题。

聆听时所做的笔记有助于推动这一问答环节，而这一环节应该在讲话结束后就尽快开始。

发表说服性讲话的人应该和被劝说的听众一样迫

切，随时准备参与双向交谈。他可以通过回答听众提出的问题来强调并强化关键要点。如果他能巧妙且诚实地回答问题，也可以消除听众的疑虑，克服他们的反对意见。

此外，他可以通过向听众提问，将他们藏在心底的抵触理由毫不掩饰地揭示出来；或者提出一些听众心中存有疑虑的问题，并立刻予以解答，从而让自己最初提出的观点变得更具说服力。这样，他就能够应对并设法克服那些尚未完全形成、甚至隐藏在心底的反对意见。

上面针对不间断的说服性讲话的论述，也同样适用于不间断的教导性讲话。从教导性讲话的听众视角来看，问答环节中的双向交谈为他们提供了一个机会，既可以为他们笔记中所提出的问题寻找解答，也可以针对讲话内容提出异议，并希望听取讲话人的回应。如此一来，听众可能会不再持保留意见，而是会改变想法，从不同意转为同意，或者由赞同转为反对。不管是哪种情形，问答环节都将有助于听众完成积极倾听的任务。

发表教导性讲话的人，同样得益于讲话结束后讨论会的双向交谈或问答环节。如果没有这样的环节，讲话人就很难确定听众是否认真倾听了他的讲话，也无法合理评估自己在多大程度上成功地影响了听众的思想。只有收到听众提出的问题或异议，讲话人才能纠正已经出现的误解，重述听众本该听到却根本没有听到的内容，并补充那些本应该在讲话中提及却遗漏的要点。

此外，讲话人自己可能希望利用讨论会或问答环节来向听众提问，尤其以此来了解听众是否听懂了、有哪些困难是自己未曾考虑到的，以及听众的内心深处可能暗藏着哪些异议。

不间断讲话和缄口静听，即使进行得完美无缺，也极少能达到交流的最终目的，也就是促使人们思想交汇，不管他们的意见是否一致，都能够相互理解，达成共识。在不间断讲话和缄口静听后面，只要有可能，都始终应该安排双向交谈，也就是讲话人和倾听者之间进行交谈或讨论的互动。

只有通过交谈或讨论，发言和倾听才能圆满完成，并发挥出应有的成效。这就是我们在本书下一部分要探讨的那种发言和倾听形式。在该部分中，我们会首先探讨在不间断讲话和缄口静听结束之后应该安排的讨论会或问答环节。

第四部分

双向交谈

第九章　问答环节：讨论会

到现在为止，我们分别讨论了说和听这两个部分，而它们本该是一个相互契合的整体。

写和读几乎永远是彼此分离的。读者很难通过直接询问作者来检查自己对所读内容的理解程度。作者也不可能经常通过读者的提问来确定自己的书被理解到什么程度了。只有极少数的书评可以达到这个目的，不过有时读者来信也可以做到这一点。

同写和读形成对照的是，说和听经常在交流中相互结合；在面对面的交流中，讲话者和倾听者轮流提问和回答问题。正如我曾指出的那样，不论是教导性讲话还是出于某种实用性目的的说服性讲话，除非随后有问答环节，否则都无法达到应有的效果。

这一结论在古代社会的政治生活中得到了证实。古希腊雅典的 agora（集市）和古罗马的 forum（广场）在公共事务中占据核心地位。这些露天的空地是市民们集会的场所，在这里，不仅有人发表政治演说，市民们还可以针对演说提出问题，并对演讲者的回答做出回应。forum这个词从古到今都指演讲者接受听众质询的集会场所。

在英国的政治生活中，即使在如今的电视时代，议会的候选人仍然要参加竞选活动，这意味着他们前往公共场所不仅仅是为了在全体选民面前高谈阔论，也是为了回答听众们连珠炮似的提问。在议会内部，有定期的质询时间，届时发表施政文件的政府官员要接受反对党的质询。

在美国，由于电视的使用，候选人直接面对选民、接受他们挑战性的提问或异议的机会减少了。过去，总统候选人乘坐火车在全国巡回，在一个又一个铁路沿线站向聚集在站台上的选民发表演说，回答他们的问题或接受质疑。现在情况大为不同了，候选人和社会公众都失去了某种珍贵的东西。

即便对于那些非正式和非政治目的的讲话而言，讨论环节也同样是非常有用的辅助手段。在伦敦海德公园演讲角，每逢星期天下午都有演讲者站在肥皂箱上发表讲话，其主题范围极广，从上帝是否存在和灵魂是否不朽，到活体解剖的罪恶和用避孕或堕胎来控制生育的益处。他们总能吸引一群男女老少，这些人去那里不仅仅是听人发言，还要在发言结束后连珠炮似地向他们提出各种问题。

美国没有像海德公园演讲角一样的地方，但这个国家有举办公开讲座的悠久传统，讲座宣传还会特别说明讲座后会有问答环节。19 世纪末至 20 世纪初的肖托夸系列讲座[①]便是一个典型的例子。波士顿的福特厅论坛和纽约的库珀联盟论坛也是两个著名的范例，它们不仅召集听众去听讲座，还允许他们提问。

20 世纪 20 年代，我开始在纽约的库珀联盟论坛担任讲师。讲座之后的问答时长和讲座本身的时长一样，都是一个小时。如果不这样安排，来听讲座的人可能就

---

① 19世纪末，在纽约州西部的肖托夸地区，以家庭教育和成人教育为核心的“肖托夸运动”兴起，随后逐渐演变为以讲座为主的暑期培训活动。（译者注）

寥寥无几。他们来听讲座的目的就是向讲师发难，提出他们能想到的最刁钻的问题或是自以为会难倒讲师的反对意见，以此来与讲师一决高下。

这使得他们成了更加优秀的听众，因为他们很快就意识到，如果他们提出的问题或异议暴露了他们没有仔细听讲或误解了讲座的内容，他们就会因为提问不伦不类而遭到不客气的制止。讲座主持人要讲文明礼貌，但这并不妨碍他严格维护会场秩序，要求听众用提问来证明他们是来论战的，或者至少证明他们不是来无理取闹或惹是生非的。

组织有序、管理规范的研讨会不仅能提升听众的倾听水平并考验他们的勇气，而且能使演讲者学到许多从其他途径学不到的东西。作为一个经常在库珀联盟论坛开讲座的人，我很早就发现了这一点。自那以后，在我五十多年的讲座生涯中，我曾在各式各样的主办单位和不同类型的教育机构里，分别向社会公众和各类学生听众发表演讲，而我的这一发现也一次次得到了印证。

我感到遗憾的是，有时因时间限制或别的原因，我未能回答听众提出的问题或回应他们的异议。如果没有听众提问，只是自己听自己讲，我就不可能学到任何东西，根本无法了解听众是否倾听并理解了我讲的所有内容，这就跟在空荡荡的会堂里独自空谈没什么两样。

如果讲座之后安排讨论，且时间足够充分，我就会了解许多和我的讲座有关的东西，知道哪些用词需要更明确地解释、哪些假设需要更全面地阐述、哪些观点需要进一步陈述，以及为什么有必要调整某些观点提出的顺序，还能知道哪处论证需要扩充、哪处论证应该更加简明扼要。

这还不是我全部的收获。从听众提出的异议和摆出的难题中，我还能了解到自己思考中的错误或不足之处。那些我未能给出令人满意的回应的异议，需要我认真修改讲座的内容。那些我未能给出令人满意的解答的问题，则需要我进行必要的补充——增加要点并进一步阐释。

讨论会赋予我思想上的这些收获，使我能在第二次讲座时有所改进，第三、第四及以后各次讲座中也都会不断有进步，直到我从问答环节获得的收益变得微不足道为止。那时我便知道我的思考和言谈已经接受了充分的检验，我可以相当确定自己对某个主题的所思所言大体上清晰易懂，且已经能够被理解和接受，尽管我的讲座还不完美，也永远不可能尽善尽美。之后每每遇到听众提出新问题或意想不到的异议时，我总会记起上述事实。

我认为通过多次讲座－讨论会获得的教益是极为珍贵的。在过去的四十年里，我写的大部分书都是我讲座内容的扩充。这些讲座的内容和风格都经受过检验、启发和仔细的修改，而这些检验、启发和修改都来自听众对我所讲内容做出的回应。

《如何阅读一本书》是我以这种方式撰写的第一本书，它的质量比我以前写的书高得多——我以前写书就像是在寂静的书房中自言自语。但在我伏案撰写该书之前，我给形形色色的众多听众做了足足一年多的关于阅读艺术的讲座。讲稿经过多次修订，既有修改也有扩充。我的讲座笔记以及因为面向听众而产生的其他笔记都装在一个文件夹里，这些正是这本书诞生的源头。该书成功地吸引了广大读者，这也说服了我之后写书都采用同样的方法。

我几乎敢断言，把说和听在讲座－讨论会中适当地结合起来就是写书的最佳方式。其他环节也可能是必要的辅助手段，但一个作者如果没有面对过听众、没有从他们的问题和异议中受到过启发，不知道为了改进他的思想成果应该做些什么、也不知道应该说些什么才能把他的思想成果有效地传达给听众，那么他就丧失了其他方法无法代替的获取信息的源头。

请允许我再回顾一段过去的经历，我想补充一点：在安纳波利斯的圣约翰学院举行的由阿斯彭人文研究所主办的讲座-讨论会活动，是让我获益最多的学习机会，参与其中的既有学生又有社会听众。我认为，对参与其中的听众而言，这同样也是收获满满的学习场合。

在圣约翰学院，每星期会举行一次正式讲座，规定全院学生必须参加。礼堂里的讲座结束后有短暂的休息时间，然后学生们重新聚集到讨论室参与问答环节，时间从来不少于一个半小时，而且往往会持续更长时间。

学生们从我这里了解到自己遗漏和误解的要点，我们各自使用的不同概念性词汇逐步调整到了共同的认识上。我从学生那里了解到我没有考虑过的观点、没有讲清楚的论证，以及我自己在思考有关主题时犯的错误或存在的不足之处。

讲座-讨论会活动是在圣约翰学院的学习体验中至关重要的组成部分。它不像多数大学里那种自由参加的课外活动，参加的学生寥寥无几，而且问答环节往往很简短，只有部分听众会参与讨论。所以我发现，在圣约翰学院做讲座比在多数其他教育机构收获更多。圣约翰学院的学生接受过讨论准则方面的训练，并且学会了怎样听讲座以便参加随后的讨论。

阿斯彭讲座与圣约翰学院的讲座情况相似，与会的听众期待旁听讲座或参与随后的讨论。这些听众期望通过问答环节的交流来检验他们自己和讲师。听众的知识素养以及他们多样化的学术和职业背景，使得阿斯彭的讲座－讨论会活动比其他大多数讲座更有益于讲师和听众。

在阿斯彭研究所成立初期，研讨课、会议、讲座和其他活动不像后来那样安排得很满，因此有更多时间来举行讨论会。在我看来，那些讨论会安排得堪称理想。那时的问答环节并不是在讲座结束之后立即在礼堂里展开的，而是第二天上午在另一个房间内举办。讨论会持续整整两个小时，而且除了前一晚的讲师之外，还会邀请一个专家组参与其中，他们的专业知识能够帮助解决讲座引起的疑问或异议。

这样安排的优点是，它能使听众有时间去检查他们听讲座时记下的笔记，去思考笔记内容或者自己记住的内容，甚至精心构思他们希望提出的问题和异议。这样提出来的问题更经过深思熟虑，表达的异议也更加有理有据，排除了草率的判断和不着边际的评论。而且讲师有了专家组的协助，讨论也能够更顺利地进行。

我真希望永远能把演讲后的讨论会推迟到第二天上午，但遗憾的是，除了早期的阿斯彭研究所举办的讲座－讨论会活动之外，我再也没有过那样既令人愉快又让人受益的经历。

在各种不同的情况下，讨论会应该怎样开展呢？让我先从演讲者的角度来回答这个问题，然后再从听众的角度来回答这个问题。

如果条件允许，演讲者应该采用某种方法来掌控讨论过程，这个方法我在圣约翰学院经常使用，在阿斯彭有时也会采用。在讨论会开始时，他就请准备参与讨论的听众来区分两类问题：一类问题旨在寻求更深入或更好地理解演讲内容，另一类问题则是对演讲者提出质疑。第一类问题应该放在其他一切问题之前来解决，因为去回答由于误解而产生的问题或异议实在没有任何意义。

第一类问题应该用以下形式提出："我理解你说的是……？"然后演讲者可以回答提问者的理解是否正确。如果提问者理解错了，演讲者就可以尽量明确地加以解释，以求得正确理解。只有在演讲者回答了这类问题，并且确信听众已充分理解他之后，他再去尝试回答其他问题，也就是那些对演讲者的发言提出质疑以及针对演讲者的观点表示反对的问题，这样做才是恰当和有益的。听众为了理解演讲内容或检验自己的理解程度而提出的问题，应该始终安排在质疑和异议之前。

有时，听众在提出问题前，就把演讲中并未出现的陈述或自己误解的演讲内容归到演讲者的头上。提问一上来就是："你是这样说的"。遇到这种情况，我总会举手或摇头示意，立刻告诉提问者我并未说过他刚才表述的那番话。去思考一个毫无根据或是歪曲我原话内容的问题是根本没有意义的。随后我会把演讲时说过的原话重复一遍，并询问提问者是否还有什么疑问。

演讲者还可以做另外两件事，来推动讨论顺利进行下去。其一是把听者提出的问题用其他的措辞重新表达一下，使它更贴合演讲的实质内容。我会说："让我看看我是否理解了你的提问""让我把你提的问题重新表达一下，看我理解得对不对？”说完之后，我期待的是对方认可我的重新表述，只有在得到认可之后，我才会接着回答问题。

通常情况下，听众脑子里的问题很好，但却不善于用语言表达出来。有时候，听众提出的问题完全没经过认真思考，根本不着边际。这时，演讲者把听众的问题用其他措辞重新表述一下，这同样有助于推进讨论顺利进行，而不会让讨论漫无边际地展开。

演讲者能做的另一件事是转变角色，让自己变成提问者。在讨论会接近尾声，听众们的问题越来越少的时候，这么做是最恰当不过的。如果演讲者感到还有一些很好的问题没有提出来，他也很愿意回答这些问题，以便进一步阐明他讲过的内容,那么他就没理由克制自己，完全可以提出这样的问题并做出解答。

最后这招在做推销、政治演说或任何其他带有实用目的的说服性讲话时特别管用。说服者当然应该尽力回答对其劝说有抵触情绪的提问。但是如果说服者就此止步，那就是不明智的决定。妨碍他圆满完成说服任务的最重要的障碍可能还潜藏在听众的心里，或者根本没有表达出来。如果他不去找出那些障碍并逐个予以解答，那他可能会不明白个中缘由，也就无法克服面临的抵触情绪。

此外，说服者还可以在讨论中使用反问句，反问句的措辞要巧妙且恰当，以确保自己可以得到听众的肯定回答。

在政治事务、商业谈判和商品推销等活动中，单靠发表说服性讲话是远远不够的。每次讲完之后都应该安排一个问答环节，讲话人在这个环节中既可以回答听众的问题，也可以向听众提出问题，特别是巧妙的反问，这些提问可以引导听众给出他希望得到的回答。

从打算参与讨论的听众角度来看，不管他们听到的是教导性发言还是说服性发言，在听讲过程中记下的笔记应该成为所提问题的基础。要是实在没有笔记，那就只能依靠头脑中记忆留下的内容了。

在倾听教导性发言时，听众脑中应该有两个目标：一是要确保自己完全理解了所听的内容；二是要向演讲者提出质疑，确保自己能够决定是否同意演讲者就某个观点发表的看法。

在倾听说服性发言时，听众应该利用讨论的机会向讲话人提问，提请其他人注意讲话人有意避而不谈或省略的重要事项，因为讲话人担心会因此引起听众的抵触情绪。此外，听众可能还希望确认，自己准确无误地理解了讲话中提出的做某事的理由。如果理由不够充分，听者就可以趁机对讲话人的诉求提出异议，看看这些异议能否得到解答。

在政治活动、商务会议和谈判中，又或者在市场上，被说服的人一定很有把握，觉得该考虑的相关事项都考虑了、该回答的相关问题也都回答了。他有这样的想法，可能是上当受骗了，这也许是他自己作为听众和提问者自身的过错。

如果你心中还有讲话人没能解答的问题和异议，那你可能就是仍未被说服的人，而且有充分的理由。

第十章　对话的多样性

教导性讲座或说服性发言结束之后的讨论会，只是对话和讨论的一种形式。这种形式非常特殊，因为问答环节的内容都来自演讲和发言的内容，问答是围绕演讲和发言的目的展开的。还有其他很多种讲话人与倾听者面对面的直接交流，从鸡尾酒会上的聊天、宴会上的闲谈到最为严肃的政治辩论、商务会议，以及格调颇高的大学研讨会和学术座谈会等，它们在动机和性质方面有明显的差别。

为了制订出若干规则，使不同类型的对话能变得更加愉快和更有教益，根据这些对话的不同特点予以分类就很有必要。我们必须这样做，这正如我们此前的发现，即认为有必要区分两类主要的不间断讲话——说服性讲话和教导性讲话，并且要考虑到听众在各种讲话中扮演的不同角色。

我建议将双向谈话或者说对话分为四类。尽管这种分类并非详尽无遗，但是它为我们的研讨提供了方便。

第一种分类是将对话分为娱乐性对话和严肃性对话。我所说的娱乐性对话是指没有固定目的、没有要实现的目标，且没有主导方向的交流形式。另外，这种对话和娱乐一样，我们参与这种娱乐性对话纯粹是为了获取这种活动本身固有的乐趣，目的在于消遣取乐而非出于严肃动机，这种活动本身就给人带来乐趣，参与者并没有任何不可告人的目的。

这种对话也可以称作“社交性对话”。它是朋友或同伴们欢聚时轻松、随意的交谈。这种交谈可能会传递一些信息，但不一定非要如此，也不一定非要给人启发，尽管有时确实会有这样的效果。它纯粹是为了给人们带来乐趣、使人们能友好相处，或帮助人们加深对彼此的了解。

效果好的社交性对话永远无法事先筹划。它只会在环境凑巧有利的时候自然产生。如果事先要设定讨论什么问题，这就近似于商务会谈了。社交性对话就应该漫无边际、随意发散。社交性对话中没有需要达成的目标，也不需要做任何决定。

根据这个分类，其余三种都是严肃的而非娱乐性的对话。它们都有明确的目的和导向，主要区别在于：一种在本质上是个人之间的亲切对话，另两种则是非个人之间的对话。

我在使用“个人之间的对话”这一表述时，心里想的是人们常说的“谈心”。我们每个人都能回忆起，生命中曾有若干次对某个亲近的人说：“我们就这件事谈谈心吧。”

“谈心”可能会被人误解为是只动感情不动脑子的交谈。一切交谈，不管是娱乐性的还是严肃的，个人的还是非个人的，都需要动脑子进行思考。但所谓的“谈心”，是指我们运用头脑来谈论那些触及我们内心，也就是情绪、感受和爱憎的事情。

这种谈心涉及谈话人深切关注的情感问题。它是非常严肃的谈话，也许比其他任何交谈都更为严肃，因为它的目的是清除情感上的误解，以及终止或至少是缓解情感上的紧张状态。

其余两种严肃交谈都是非个人的，而不是个人间的交谈。其中一种可以称为理论性交谈，目的是转变别人的思想。如果交谈能使人获得以前缺乏的知识，它就是教导性的；如果交谈能使人理解以前不理解的东西，或加深原先的理解，它就是启发性的。

如果交谈的目的是促使人采取行动，做出影响行动的决定，或改变有可能影响随后行动的情感态度和冲动，那么它就是实用性的交谈。这种交谈会涉及情感和冲动，但如果其目的是推销商品、赢得政治上的支持或让某项商业计划或政策得到采纳，那么它仍然是非个人的交谈，而不是个人间的交谈。

怀着某种实用目的的说服者，通常会不择手段地利用对方的感情，他自己投入感情也只是因为贪图眼前的利益。但是在个人间的谈话或谈心中，谈话的参与者都会坦露心声，让情感相互碰撞。这种交谈往往发生于夫妻、父母和子女、家人、恋人和朋友之间。如果谈话人之间的关系不够亲密、情感上互不牵连，这种交谈就永远不可能出现。

卖主和买主之间不具备这种关系，企业高管和他的同事或那些出于某个政治目的而交谈的人之间也不具备这种关系。他们通常互不相识或只是泛泛之交。即使他们碰巧是朋友，友谊和爱的纽带在这种交谈中也不起丝毫作用。如果在极少数情况下，交谈者有着影响他们彼此相处的亲密情感关系，他们反而会在交谈中设置障碍和限制，使交谈偏离正常轨道，让事情变得过于复杂。

个人间的交谈或谈心通常是在两个人之间或最多几个人之间进行的。交谈通常不是在公开场合而是在私下进行的。谈话人参与这种交谈时决不会希望像写会议记录那样把谈话记下来，也不需要一个事先拟定的议程来指导。它可能是在事先毫无准备的情况下自发产生的，也可能是一个人有了计划后向另一个人提出建议，在双方约定的时间和地点进行的。不管是怎样进行的，这种交谈都是他们生活中具有重要意义的大事，影响的是他们自己，与其他任何人都无关。

非个人的交谈，不管是教导性的还是说服性的，可能在两个人、几个人或一大群人之间进行。如果交谈的人彼此已经交往过一段时间，这种交往会让他们的交谈变得更加畅通，因为他们对彼此所用的词汇、各自秉持的学术理念，以及各自的设想和偏见都会有所了解。如果谈话者是初次相聚，像陌生人一样交谈，他们就会面临高效交流中必须克服但又往往很难克服的障碍。

在个人间的交谈或谈心过程中，交谈双方是平等的。即使他们的年龄或成熟程度有差异，例如在父母与子女之间的交谈，他们的友谊或爱也会使他们把那些差别置诸脑后，从而使双方能以平等的身份交谈。

各种不同形式的非个人交谈就不会这样。参加非个人交谈的人们是否会平等相待会产生很大的差别。常见的商务会谈就是一个恰当的例子，与之相似的有由教师主持、学生参与的研讨课，以及主持人或主席与其他参加者扮演不同角色的讨论会。

第一种交谈，也就是我称之为“社交性谈话”的娱乐性交谈，在相对少的人之间进行最为有效，最好是在两个人之间进行，但小组人数稍多一些也不为过。人们常常可以看到，如果交谈人数不止五六个，交谈的参与者就会自动分成两个完全独立的小组。

让我用以下图表来概括我所划分的四类交谈：

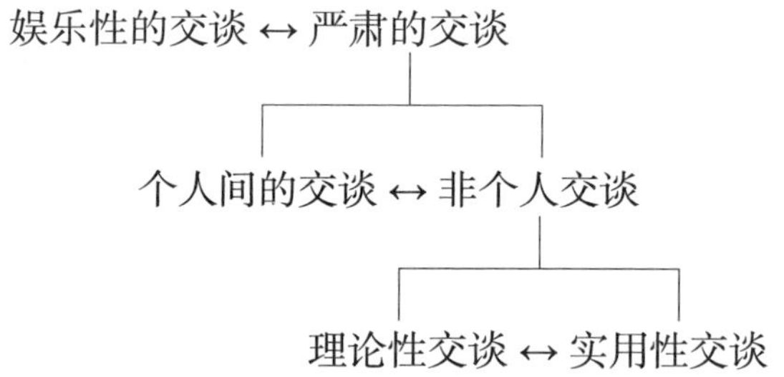

这样我们就能划分出四种主要的交谈形式：（1）社交性交谈；（2）个人间的谈心式交谈；（3）非个人的、

旨在教导或启发他人的理论性交谈；（4）非个人的、旨在说服他人行动的实用性交谈。

非个人的交谈可以是正式的，也可以是非正式的；可以是事先准备或安排的，也可以是自然而然开始的。讨论的题目可以是事先指定的某些阅读材料，可以是提出来供探讨的某个想法、计划或政策，也可以是有待解决的问题或者有待克服的意见分歧。

如果意见分歧关乎事实问题，那么这种分歧只有在一种情况下才值得讨论，那就是讨论所采用的形式必须要考虑到不同的事实会产生的不同后果，所以要把相对立的几组事实作为仅供讨论的假设来处理。讨论可以促进人们理解假设一组事实而非另一组事实成立的实用意义或理论意义，但它无法决定有关事实问题的真实状况。唯有质询、调查或研究，哪怕只是在参考书中查找正在讨论的事实，才是解决分歧的唯一方法。

对于怀有理论目的的非个人交谈来说，观点和议题构成了理想的讨论主题。而对于怀有实用目的的非个人交谈来说，精心制定的计划、政策和各类问题则提供了最为丰富的素材。

实用性双向交谈还可能是由于有人试图让另一个人或其他人去做某件事而引发的，比如采取某种方式或朝某个方向行动、成为某项事业的帮手、在某个项目中携手合作，甚至是唤起对某种情感态度或意向的共鸣。

两个人的交谈与更多人之间的交谈是有区别的。如果多于两个人，那么有人主导的交谈和完全没有人控制或放任自流的交谈也是有区别的。

时间和地点是起制约作用的因素，它们会影响交谈或讨论的性质。交谈或讨论有可能必须在限定的时间内完成，也可能没有时间限制，甚至可能连续进行多次。地点也可能合适或不合适，这要看提供的环境是便于讨论，还是有各种干扰会阻碍讨论。

最后必须指出的是，理论性和实用性的非个人交谈之间最重要的区别在于，前者可以是没有终止、没有结论的，而后者最终必须得出某个结论或决议。这就像喜剧与悲剧之间的区别，喜剧实际上在最后一幕完结，但原则上它可以永久演下去，而悲剧的最后一幕结束后再无后续。

既然实用性讨论的目的是采取某种行动，讨论就必须得出一个决定性结论，而且通常应该在限定时间之内完成。但是，当讨论的是观点或富有争议的理论性议题时，寻求互相理解和达成意见一致的过程可以无止境地继续下去。解决分歧或仅仅是调和表面上的意见差异，情况也大同小异。

理论性讨论可能在既定时间内无果而终。柏拉图的许多对话就是这样，它们属于思想碰撞的喜剧。对话的主题可以在下次或再下一次讨论，也许最终会得出一些结论，但绝没有必要在规定时间之内得出结论，因为它无需满足任何实用需求。

唯一的例外当然是正式的辩论，它是在严格限定的时间之内进行的，最后通过表决得出结论。正式辩论在寻求决定性结论的实用领域可能是有用的。它们在理论领域也可能有用，中世纪大学中举行的就是这样的辩论。

在下面几章，我打算试着制定一些规则，并提出一些能够改善各种对话形式的要素或条件，让所有的对话都更令人愉快，也让严肃的对话更有教益。

在第十一章，我将会讨论对一般对话以及不同类型的对话都能产生有益影响的相关规则和建议。首先我会讨论社交性对话，然后再讨论理论性和实用性的非个人谈话。

我不会针对个人间的交谈或者说谈心提出规则或建议。恰恰是因为它们是私人交谈，取决于谈话人自己的性情和当时的情绪气氛，因此，个人间的交谈有其独特性。我至多能说，如果进行这种交谈的人维持着友爱之情，而交谈的目的是疏通情感，他们完全可以坦诚相见、毫无保留地交谈，因为他们不必担心会产生误解或不满。友谊和爱会排除欺骗，既包括骗自己，也包括骗别人。它们为相互同情、相互洞察铺平了道路，使交谈者不仅更加了解了对方的诉求，也更了解了自己的诉求。

在第十二章，我将探讨如何实现一切非个人交谈的最终目标，也就是达成互相理解和共识，这种理解和共识构成了真正的思想交汇。

我把一个问题留到第十三章单独论述，那就是探索对话的教育意义，探索从基础教育阶段到更高层次的教育机构中，运用提问而不是讲授方式进行教学的教育意义。

这种教学方式在中小学的 12 年教学中即便存在，也是极为罕见的。而它本应该在这 12 年中发挥至关重要的作用。在我们的大学里，或者针对那些完成学业很久之后仍希望继续深造的成年人开设的研讨班中，这种教学方式也很少能发挥其应有的作用。

苏格拉底式的教学，即通过提问和讨论进行的教学，是最具难度的一种教学方式，也是让每个参加者受益最多的一种教学方式。我会提出一些有用的规则和建议，以最大限度地发挥这种教学方式的优势。我将在专门论述研讨会的那一章中阐述这些规则和建议。

第十一章　如何让交谈产生更多的教益和乐趣

有些规则具有足够的普适性，适用于各种严肃的对话。同时，还有某些因素也在这种对话中发挥作用，这些因素我们必须加以考虑，因为它们代表着有待克服的困难或障碍。我们首先来讨论这些因素，稍后我再来探讨改善社交性对话的规则。

语言是我们在交流中使用的工具，而且在大多数情况下是必须使用的工具。假设语言是一种完美的或通透的媒介，能让一个人洞悉另一个人的思想，那么它就能极大地促进人类的对话，使其达到天使那种近乎完美的心灵感应境界。不幸的是，情况恰恰相反：语言是一种很不完美的交流媒介，含糊不清、晦涩难懂，充满了歧义和引发误解的陷阱。

我们都奢望交谈中使用的重要词，尤其是对我们意义重大的关键词，都能被听众充分理解，而且听众理解的正是我们表达的含义。实际上，这几乎是不可能的。即使我们刻意提醒听众注意我们使用的某个重要词语的含义，听众对我们的提醒往往也充耳不闻。我们提出的问题或发表的言论所获得的回应表明，听众要么根本没有听到，要么根本没有注意到我们说的话。

当然，参与交谈的人都会以不同的含义使用某些词汇，这是可以预料的。每个人都想以自己的方式来使用词汇，这一点无法改变，但是我们可以对此采取一些措施。我们可以留意同一个词表达的不同含义，甚至给它们打上标签。为了使对话能更具交流性，这需要我们付出比大多数人更多的细心和耐心。但如果不这样做，必然会产生误解甚至看似不可调和的冲突。

有两件事情可以帮助我们克服语言这个不完美的媒介给我们带来的障碍：一是普及全面的基础教育，其中包括语法、修辞和逻辑等人文学科的强化训练；二是营造共同的学习传统，即拥有共同阅读的背景，以及对相对有限的基本概念的理解。我们的先辈们享有这两样东西，特别是在 18 世纪到 19 世纪末这段时间里。由于教育体系的退化，以及 20 世纪盛行的过度专业化现象，我们在很大程度上已经丧失了这两个优势。

我们的先辈在人文艺术方面接受过更好的训练，他们习得了沟通的艺术和学习的技能。那些接受过良好学校教育，并由此成了具有普遍文化素养的人，他们都享有一份共同的文学遗产，使他们拥有一套共同的词汇体系，这不仅表现在单词层面，还体现在观念层面。因此，他们能够成为同一个知识群体的成员，拥有共同的观念、参考文献和典故背景，这一切使他们之间的交流变得更加轻松和流畅。

20 世纪受过教育的人不再是通才！他是一个专家，是具有某个领域专业知识的行家。专家使用的词汇包括他那个专业的许多专用术语，这些术语是其他领域的专家不会用到的。20 世纪受过良好教育的人，或者说那些一路上到大学、接受过所有可接触到的教育的人，他们毕业走出学校后，可能会发现彼此之间读过的书并没有多少共通点。这样就产生了奥尔特加·伊·加赛特所说的“专业化带来的野蛮状态”，它与文明的文化背道而驰。

为了顺利进行严肃的非个人交谈，需要控制的第二个因素是情绪的热度。在谈心式的交谈中，情况有所不同，因为情感正是推心置腹交谈的核心内容。在以某种实际方式进行说服的交谈中，情感也能发挥作用，但如果谈话效果良好，那么情感是被巧妙地操纵和控制了，以服务于眼前的目的。

然而，如果进行非个人交谈是为了在纯粹的学术问题上增进理解和达成共识，那么感情用事是绝对不可取的。

在这类对话中，情绪的介入会破坏对话的氛围，把原本纯粹的知识交锋变成情绪冲突，导致对话变成了互相对抗的偏见之间的争斗，而不再是为了观点或真正有争议的看法达成共识而进行的思想碰撞，而这些争议本可以通过引用证据和列举理由来解决的。

自我认知也是一个因素，它的存在会促进明智的交谈，反之则会阻碍并破坏交谈。了解自己是了解其他人的先决条件，一个人至少应该能够清晰地与自己对话。这种清晰的自我对话对于清晰的交谈而言是不可或缺的。如果你没有和自己明智对话所需的洞察力，那么你也不大可能拥有和他人明智对话所需的洞察力。

最后但同样重要的是：只有付出努力，才能使严肃的交谈变得有意义，这既关系到可以从交谈中得到的益处，又关系到可以从顺畅的交谈中感受到的乐趣。准确表达自己的意思是世界上最难做到的事情之一。认真倾听别人的讲话以探明他们想表达的意思，这也同样困难。这两件事情都需要耗费大量的脑力，但很多人都不愿付出这样的努力。这些人在谈话时懒得用脑，这种思维惰性实为交谈的大忌，如果不知悔改，也不予以纠正，就会阻碍他们获得展开积极交谈所能带来的很多益处。

我们大多数人只有在迫切而重大的需求面前，即要么为了爱情、要么为了金钱的时候，才会付出所需的努力。如果我们对思想交流也有同样迫切而重大的需求，我们也许就愿意为这种思想对话付出努力，以求达成相互理解和某种共识，或至少相互理解双方存在的分歧。

现在我们来谈谈适用于各种严肃交谈的一些普遍规则。其中一部分规则也适用于娱乐性的社交谈话，我稍后会谈到这一点。

1. 为交谈选择适当的地点和时机，该时机要能够提供充足的交谈时间，而且交谈各方不会受到干扰，不致分散注意力。

闲谈有闲谈的时机，阔论也有阔论的时机。鸡尾酒会或晚宴很少是进行严肃交谈的场合。当交谈必须穿插在其他活动之间，比如去剧院或上床就寝时，还是进行娱乐性或社交性交谈为好。你必须始终留有足够的时间。良好的交谈通常只能慢慢开始，不可草草收场。如果参加聚会的人中有许多人互不相识，他们通常只会闲聊。在娱乐消遣的夜晚，如果在场的许多人都疲倦不堪了，就不是讨论世界问题的适当时机。但是当朋友或熟人在场，如果他们有共同感兴趣的问题想要讨论时，那也不妨进行严肃的甚至长时间的讨论。

并不是任何场景都适合良好的交谈。假如你走进一个人的办公室，希望同他进行一小时左右的严肃交谈，但你发现他满脑子都是别的事,要么是业务,要么是家事。在这种场景下，你就别指望他能全神贯注地和你交谈。

在六人以上的宴会中，如果其中有些人彼此并不熟悉，有一个方法可以提升这种场合的交谈效果。我十分感激我的朋友道格拉斯·凯特,是他向我介绍了这一方法。

在闲谈快要冷场之时，道格拉斯站出来扭转了局面，把大家带入了谈论大问题的对话。他提了一个问题，要求在座的每个人轮流回答。等到所有人发表完自己的看法之后，道格拉斯缓和了一下大家表达不同意见时的激烈气氛，继续主持对话。这种做法总能使每个人都能从交谈中获得教益和乐趣。

将晚宴变为有教育意义的谈话场合的另一个方法是，由东道主选择一个能引发良好讨论的主题，并请一位客人就这个主题发表简短讲话，然后要求讲话人回答其他人提出的疑问，或者让其他人对讲话内容发表评论或提出异议。

2. 你应该事先了解将要进行的是哪一种交谈。有效地阅读一本书的首条规则就是了解你要阅读的是什么书。读一本小说与读一本历史书是截然不同的阅读活动，而两者又与读一部哲学著作或一篇科学论文不同。

正如我们所了解的，严肃的交谈在讨论的内容和目的方面也各不相同。要弄清你即将参加的交谈属于什么性质，是理论性的还是实用性的，以及它的目的何在。

3. 无论是哪一种严肃交谈，都必须选择恰当的人参加。切忌交谈不分主题、不分对象。即使是你最好的朋友，也未必有谈论某些主题的能力或兴趣。有时候，并非因为缺乏能力和兴趣，而是性情不相投，或者彼此之间缺乏好感。如果你碰巧知道格林和鲁宾逊二人互相讨

厌，那就不要让他们一起来参加交谈，以免激起他们情绪上的对抗。

我们每个人都有这样的经历——提出的话题完全不适合在座者讨论。当你犯下这种过失时，交谈不是陷入僵局，就是偏离话题，大家在天气、报纸头条或体育赛事上东拉西扯。

最重要的是，如果你事先知道某人对某个话题抱有成见，那绝对不要和他谈论这个话题。当你知道某人难以说服时，就不必劝说他。当你知道某人在某一立场上固执己见、不可救药时，也不必试图请他参加讨论以改变他的想法，因为他已顽固不化，死揪着一种答案或见解不放。他会对所有支持该话题的其他回答或立场的论据充耳不闻。

明智地选择参加讨论的人员，这与明智地选择适当的时间、地点或场合进行交谈同等重要。

4. 某些问题是无法讨论的，因此，人们应该避免讨论。“品味问题无须争论”是大家熟悉的一句格言，常常被奉为圭臬，但遵照执行者却并不多。而违反这条规则经常会使双向交谈沦为个人偏见的对抗。

在有些问题上，意见分歧仅仅是因为个人趣味、偏好或喜恶的不同，那么从交谈中获得的信息也仅限于了解到别人的趣味为何与你不同，或者知道为什么你厌恶的事物他偏偏喜欢。这种分歧是无法通过争辩解决的，因此争辩会变得毫无意义。这样做完全是浪费时间。

不应争辩的除了个人的喜恶之外，还有一些个人观点或偏见，因为它们无法通过诉诸事实或陈述理由来论证。在交谈中出现这类观点或偏见时，我们只需要承认它们的确存在，而不应该将其当作讨论的主题，奢望达成思想共识。在这种问题上不可能达成思想共识，所以为此争论是徒劳无益的。

只有针对那些确定涉及客观真理的事情，才值得进行这样或那样的争论。我持有的个人偏见或站不住脚的观点，可能在主观上是真实的，它对我而言可能是正确的，但对你就未必。如果是这样，那么我试图为这个观点辩护，或者你试图让我改变看法，转而接受你主观上认为正确但我并不认同的观点，都是毫无意义的。相比之下，客观真理的特点在于，它的真实性不仅对你我来说是真实的，而且对世界上任何人来说都是真实的。

5. 不要只听你自己说话。我们都有过这样的交谈经历：布朗在说话，琼斯保持沉默，但他并没有听布朗在

说什么，而只是礼貌地等待布朗说完，然后把自己脑海中所想的说出来，琼斯说的话可能和布朗刚才所说的没有任何关系。在琼斯讲话时，布朗也彬彬有礼地等待着，但并没有听他在说些什么。琼斯说完后，布朗接着详述自己前面说过的内容，或者谈些别的与琼斯刚才所说的毫不相干的事。他们两个人就好像是在不同的房间里自说自话，因为他们的听众只有他们自己。

6. 与上述情况密切相关的一条规则是：在倾听别人的问题时，先要努力弄懂问题，然后根据你对问题的理解尽力予以解答。许多人把别人的提问仅仅当作要他开口说话的信号，于是不假思索地说出自己当下心中所想，而不管自己讲的内容和需要回答的那个问题是否有关。

如果你觉得自己可能还没理解别人提出的问题，那就不要尝试回答。相反，你应该要求提问者解释一下他的问题，用某种你更能理解的方式重新表述一遍。试图回答自己还没有完全理解的问题是没有意义的。在你试图回答问题之前，应该坚持把问题弄明白。

7. 如果你在交谈中是提问者而不是回答者，相应的规则是：尽可能把你的问题表述得明确易懂。不要做一个懒惰的提问人。不要因为你自己理解那个问题，就假定别人也能听懂。你可能需要用若干种不同的方式提出同一个问题，不断尝试，直到别人真的听懂为止。

8. 关于在良好的严肃交谈中提问，还有一条规则。有些人向别人接二连三地发问，以为这就是参与交谈。他们并不对得到的每个回答加以评论，而所提的一连串问题之间也没有任何联系。这种提问方式在某些特定条件或特定目的下也许是有用的，但它不属于那种从一个论点有效地推进到另一个论点的双向交谈。

9. 不要打断别人的讲话。不要在别人的发言尚未结束时就迫不及待地把你脑海中所想的讲出来。即使你觉得根据他的开场白就能知道他要说什么，也不要打断他，让他有机会把话说完。

10. 听别人发言时，不要与其他人交头接耳，这是粗鲁的举止，同时，轮到你发言时也不要过于拘谨。一个人说话的语气和方式永远应该礼貌得体，但切勿因过分礼貌而不让自己直抒己见。如果你认为你非说不可的话会冒犯到别人，那就注意措辞，避免伤害他人。但是如果你心中的话值得说出来，也不要保持沉默。

11. 要认识到任何需要花费时间的事情都应该有开始、中间和结尾。交谈如此，戏剧或交响乐亦是如此。有些耗时的事情，例如在流水线上工作，可能也有开始、中间和结尾，但却是机械性的。它的每个阶段，无论是开始、中间还是结尾，都彼此相似，这就是为什么那样的工作会变得单调乏味。但在戏剧或交响乐中，开头、中间和结尾各部分都存在有机的联系，每一部分都为整体效果服务。精彩的交谈也应该由这些部分构成。每个部分越能服务于交谈的目的，整个交谈的效果就会更好。

开头部分应该为交谈做好铺垫，把讲话聚焦在有待讨论的难题、疑问和话题上。中间部分应该持续更长时间，用于探讨这些难题、疑问和话题，引出一切与之相关的不同见解，并通过论据来证明这些见解。结尾部分应该为交谈收尾，如果交谈有实用性目的，那就应该达成一个决议；如果探讨的是理论性问题，那就应该达成一个共识。如果无法达成一致意见，交谈收尾时可以暂时不做判断，把有关的问题搁置起来，留待日后进一步讨论或解决。

一小时精彩的社交谈话就像一小时精彩的业余体育活动。它不仅能让人愉快，还可以让人喜不自胜，特别是当参与者在各方面都表现得彬彬有礼，每个人既有付出又有收获的时候。

随着交谈的推进，话题可以发生变化并不断拓展。人物、事件甚至观点都可以作为讨论的主题。重要的是要能找到大家共同感兴趣的话题。如果你看到听众目光呆滞、无精打采，那么不管你是不是发言者，这时换个话题都是明智之举。

我现在简要罗列一下在社交性交谈中需要避免的事项，以便让交谈尽可能令人愉快：（1）粗俗和亵渎；（2）种族笑话和诽谤；（3）自负，特别是炫耀和名人的关系；（4）陈词滥调；（5）外国词语，除非发音准确，能让大家完全理解；（6）外语中的陈词滥调，如 entre nous（咱们私下说说）、ciao（再见）、savez-vous？（你知道吗？）等；（7）生僻的词汇，特别是只有学者或专家才熟悉的词汇；（8）重提其他人已经听过多次的陈年旧事。

有一些话题并非一定要避开，但只能在你的亲密朋友中提及，因为只有他们才会对这些事情真正感兴趣，比如：（1）健康情况或最近做的外科手术；（2）小孩以及他们逗人喜爱的小花招；（3）孩子和他们的卓越成就；（4）家里的宠物，除非它碰巧是大象、鳄鱼或蟒蛇。

此外，还有一些不该做的事需要注意，都是合情合理的约束，却常常有人违反。

1. 如果交谈顺畅，就不要离题或随意改变话题。

2. 不要打听别人的私生活；不要提过于涉及个人隐私的问题。

3. 不要沉迷于恶意的流言蜚语。

4. 如果你真的不希望机密传到别人的耳朵里，那就不要谈机密。

5. 不要喋喋不休，或者反复使用不必要的社交口头禅来修饰你的讲话，比如“你知道”“我的意思是”“事实上”等等。

6. 在你想表达“请听我说”的时候，不要说“听着”。

从积极的角度来说，下面这些做法值得推荐：

1. 问候别人；同时注意不要过多谈论自己的情况。

2. 保持平和的讲话声。听到好笑的内容时可以笑出来，但不要发出刺耳的笑声，也不要因自己讲的话而咯咯傻笑。

3. 无论是谁讲话，都要注意倾听。不要东张西望或心不在焉，要让人觉得你确实在听。

4. 如果另一个人加入交谈，要简洁地告诉他你们正在讨论什么，并鼓励他参与交谈。

5. 在晚宴上，要设法打破沉默，转向你的邻座，提一个能引出回答并成为交谈话题的问题。只要能让别人愿意开口说话，具体问什么倒是没那么重要。

关于非个人的交谈，包括理论性或实用性的思想交流，具体建议可分为两组。

一组是智力规则，也就是支配你思维的规则。另一组是情绪规则，也就是指导你控制自己的情绪并让其保持稳定的规则。

在旨在说服他人的实用性交谈中，设法引导并管理别人的情绪十分重要，这一点我在第四章已经说过，在此无需再赘述。因此，我在提出在非个人的交谈中有效地运用思维的规则之后，将只探讨自我情绪的管理问题。

有一些智力规则我在前面已经提过。还有一些我之前没有谈过，以下是一些需要补充的建议：

1. 如果你在交谈或讨论中是一个积极的参与者，你的首要任务就是把注意力集中在需要考虑的问题上。有待解决的问题是什么？有待定夺的议题是什么？有待探讨的主题又是什么？如果处理的问题很复杂，包含多个组成要素，那么参加交谈的人最好把它拆分为几个部分，做好标记，并按一定的顺序排列好。这相当于说："让我们先讨论这一点，然后转到那一点，最后再来处理剩下的一点。"

一份精心准备的会议或商务会谈的议程就发挥了类似的指引作用。但是如果参加交谈的人足够有智慧，能认识到他们选定的是一个复杂的问题，或可以拆解成多个组成部分的主题，那么他们可以在交谈开始时再做出类似的非正式安排。

2. 紧扣议题。无论就整体角度，还是就各组成部分而言，都要围绕正在讨论的主题框架来展开讨论。不要

偏离主题去谈论其他的事情，也不要在交谈过程中掺杂与主题毫不相干的内容。

总之，要自始至终紧扣主题。我真希望自己能开出一张能做到紧扣主题的良方，这样就能治疗妨碍我们交谈的诸多毛病。紧扣主题无非是密切关注正在交谈的要点，不说任何与要点没有显著关联的话。

要想知道哪些话与讨论的要点有显著关联、哪些没有，唯一的要求是你自己要理解要点。理解与否全看你自己。如果你不理解，那就几乎无计可施了，除非别人提醒你，说你偏离了主题或说了些不相关的话，大多数人被提醒后或许会感到不悦。

如果两个人都掌握紧扣主题的交谈技巧，从不偏离正题，那他们就好似两个长期合作的舞伴，懂得如何去配合对方的舞步。如果在跳舞时双方都想领步，谁也不想跟步，结果可想而知。许多完全离题的交谈也正是如此。

3. 紧扣要点，但不要过分纠缠。不要在一个问题上原地打转。当一个要点已经被充分探讨或讨论后，要继续转入下一个要点。反复兜圈子可能会使交谈陷入僵局。如果参加交谈的人不能从一个要点推进到另一个要点，或者有人意识不到某一主题已经谈得够多了，从而

导致讨论停滞不前，那么交谈就可能变得磕磕绊绊、难以为继。

一个要点解决以后，要推进到下一个要点。这并不意味着需要回头重新讨论时,你不能回到已经解决的要点上。但这确实意味着一次成功的交谈应该是层层递进的。不集中精力听讲的人往往会把前面已经解决的要点重新翻出来讨论。反复纠缠、原地踏步是交谈的致命弊病之一。

4. 有些人在参与交谈时，不仅把未经认可的假设搬进交谈中，而且他们还搞不清楚自己的盲点，即他们不理解且难以理解的事情。同未经认可的假设一样，盲点也能彻底毁掉一场交谈，至少会阻碍达成真正的思想共识。

怎样克服这些障碍呢？对此我的建议有且仅有一个：你应该保持警觉,觉察到自己什么时候未能理解某件事，并积极寻求帮助，设法去理解它。你应该意识到自己有哪些先入为主的看法和假设，并努力把它们从脑海深处挖出来，摆到台面上供大家审视。

由于交谈很少是从最基础的起点开始的，而交谈的双方都有自己视作理所当然的事，所以这条规则或许这样描述最好：要求你的同伴认可你作出的假设，而轮到对方需要你认可他们的假设时，请你清晰地表明自己的假设。

我们经常怀疑对方正在进行假设，尽管我们并不了解具体是哪些假设。我们也很少意识到自己在进行假设。最好的解决办法是每个人设法把自己的假设陈述清楚，并请求其他人暂时接受。

如果不这样做，迟早会有人说，“等一下，乔。你凭什么认为我们大家都同意人人生而平等这个说法？”

有时候，公开声明的假设本身可以成为辩论的主题。但是如果做不到这一点，因为这样做太费时间，或者要去追根溯源，这时，为了使讨论进行下去，应该暂时认可这个假设。接着，我们可以用一种假定的方式继续推进讨论，留意如果认定某假设成立会产生什么样的结果。

有关这一假设的辩论可以继续进行下去，既可以探讨假设本身的利弊，也可以探讨认定这一假设成立可能产生的后果。我可以暂时将你提出的假设视为理所当然的事情予以接受，但我仍然认为你从该假设中得出的结论是错误的。

5. 要避免最明显的谬误。永远不要就一些事实去争论不休，如果你想解决关于这些事实的意见分歧，应该去查阅有关资料。

永远不要把权威人士的话当作结论来引证。即使你没有犯这种错误，也尽量不要在谈话中提及权威人士，除非提起他们真的能为你的谈话内容增色。只有当援引权威不只是为了证明你想说的话，而是你能够准确援引该权威人士的重要论述，并且引用这个论述确实会充实你的谈话内容，这样提及权威才是有意义的。

如果是乔治·华盛顿反对缔结纠缠不清的联盟，或者反对总统连任三届，这样的例子也许值得一提。伟人和智者所说的话值得我们思考。但伟人和智者有时也会像我们一样犯错误。即使他们的某个观点在几个世纪前是对的，如今也可能是错的。权威人士的话或许能支持你的观点，但是只有充分的理由和确凿的证据才能让其他人接受你的观点。

把权威人士的话当作结论是错误的，与之相关联的还有一个更加严重的错误，那就是提请人们注意与你意见相左的人是和什么人一伙的。你以为大家都会认同你所提到的那一类人声名狼藉。这就是“人身攻击”式的辩论，它攻击的是个人，而不是争论的要点。这是一种恶劣的离题方式。

决不要提及别人的祖母、国籍、生意或政治伙伴、职业以及个人习惯这些不相干的内容。所有这些做法都是错误的人身攻击的例子。这类错误做法中最令人愤怒的方式，就是在辩论中把对方与坏人相提并论。你对某人说：“这么说你和希特勒意见一致啊”，似乎这样就足以使对方的观点不攻自破。希特勒对参加交谈的每个人来说都可能是声名狼藉的，但这并不意味着他在一切问题上都必然是错的。

在某些旨在达成决议的实用性交谈中，特别是事关商业或政治事务方面的决议时，如果事先规定必须根据多数人的意见做决定，那就需要投票表决。但如果这个商业或政治团体的领导人认为同伴们的意见仅有参考价值，而不起决定性作用，那就不必投票表决。这样的话，领导人的决定有时会与多数人的意见相悖，有时则与之相符。但是如果交谈不以行动为导向，也没有做决定的必要，那就根本不必进行投票表决。

如果交谈是理论性的而非实用性的，它探讨的是某个问题的真实性，那就不应该把表决看作解决争议性问题的方法。在这种情况下，多数人的意见很可能是错误的。每个在场的人可能都不同意你的意见，但你仍然可能是正确的。即使多数人同意你的意见，你也可能是错误的。满足于这种多数人的认同，可能会误导你，以致你不再愿意进行进一步的论证。统计举手的人数只能弄清楚赞成和反对的人数，而不能解决问题本身。

交谈时举例要谨慎。这些例子的证明要么太过，要么不够，很少能做到完美切题。你看到一个养路工靠在铁锹上发呆，不能证明所有养路工都在偷懒怠工，也难以证明这就是工作效率下降的原因。当你举了这样一个事例，接着其他人纷纷仿效，都开始举例来证明各自的观点，交谈就开始原地打转，无法深入下去了。

举例固然有用，但事例只能用来解释你所说的内容，而不能予以证明。例子必须精挑细选，这样才能使你的整体观点更加明白易懂。许多人处理不好概括性陈述，尤其是高度抽象的陈述。运用具体的例子来解释抽象的陈述有助于人们理解所讨论的内容。

如果你不理解别人说的话，可以要求他们举例说明。这种做法不仅恰当，而且稳妥。如果他们举的例子不能让你满意，那你也许就有理由怀疑他们自己也没有充分理解自己想要表达的内容。

应该把例子当作假设。正如只有在得到每个人明确的认可和同意之后，假设才能发挥作用一样；只有在每个人都看出例子和主题之间的密切联系，并且知道它们是用来解释一个观点，而不是证明这个观点的时候，例子才能成立。

我下面要讲的是在交谈过程中控制情绪的规则。在非个人交谈中有情绪是不合适的，因为这种交谈讨论的不是理论性问题就是重要的实用性问题。

第一条建议是要察觉你自己或别人是否生气了。生气的迹象多种多样：你或者对方开始大喊大叫；你或者对方变得唠唠叨叨，每次重复观点时都会提高嗓门；你或者对方变得过于强硬，通过敲打桌子或各种肢体动作来表达这种强硬态度；你或者对方开始热衷于讽刺、嘲弄、挑衅或奚落彼此的论点；或者你们中任何一方开始采取前面提到的那种和交谈无关的人身攻击。

如果你一味讽刺挖苦，想让对手出丑，或者揪住他的一些小错误不放来挑衅他，或者进行人身攻击，你就会把对方逼得恼羞成怒。如果他抵挡住了你所有的攻击，仍然保持冷静，这很可能会进一步激怒你。一场讨论发展到了这种地步，就成了一场吹毛求疵、不择手段的争斗，再也不是值得继续进行的理智且有意义的交谈了。

我们的情绪在我们的所作所为、所言所语中起着重要作用，但情绪并不能帮助我们进行理智的交谈，也无助于我们以有益且愉快的方式展开交谈。当你发现自己在辩论过程中变得恼怒、生气或过分激动时，你就应该暂时离开房间，让自己冷静下来。

如果参加交谈的另一个组员被气得暴跳如雷，那你只有两种对策：尽力安慰他，以友好的方式让他的情绪平静下来；如果这样做不起作用，那就暂时转变话题。他也许同你一样，原本是个和蔼可亲的人，但是有些话碰巧戳到了他的痛处。酒保常说："想打架就到外面去。"这句劝告在这里也管用。如果交谈已不再是非个人的思想交流，而是激烈的争斗，你就应该暂时停止交谈。

不要让一场非个人的讨论变成个人之间的争吵。争论并不是攻击。试图羞辱对手或让对手无地自容，从而使自己在争论中获胜，这样做没有任何意义。

要意识到情绪失控引起的后果。它会导致你隐瞒那些你其实明白但会削弱你自己的观点的要点，因为你不甘心向对手认输。纯粹出于情绪的缘故，你会觉得这种让步令人厌恶。

你同样可能纯粹出于情绪的缘故，在明知自己不对时依然固执地拒绝认错。你心里已经知道或以后会认识到别人是对的而自己错了，但出于个人或情绪的原因，依然要去占上风，试图赢得这场争论。这样做毫无意义。

第十二章　思想的交汇

思想的交汇可以是彼此存在分歧，却能相互理解，也可以是通过相互理解，最终达成一致意见。

所有的非个人交谈，无论是理论性的还是实用性的，都应该力求用某种可行的方式，最终形成思想的交汇。

实用性交谈常常以失败告终，因为双方的误解会妨碍人们达成一致的决定。即使彼此充分理解，分歧也可能阻碍人们付诸行动。

理论性交谈旨在探寻某一事物的客观真理，即便最终无法达成思想的交汇，对所有参与者也有益处。追寻客观真理之路漫长而艰难，一次成功的交谈可能有助于参与者朝着既定的目标迈进，但很少能让大家一举达到那个不可改变的终极目标。

对任何与客观真理相关的事而言，终极目标是达成普遍共识。但就有些事来说，要实现这个目标需要无限的时间。探索真理的过程有许多阶段，每个阶段都可能取得一些进步，但依然很难达到既定的目标。

如果人们关心某一主题的真理，他们可能会就此进行一次又一次的交谈。每一次这样的交谈，都可能成为他们探索真理过程中的一个递进阶段。虽然没有一次交谈能达到最终的、确凿无疑的且不容更改的相互理解和完全一致的意见，但只要每一次交谈都有助于朝着目标前进，它就能给交谈者带来教益。

记住了以上这些具有普遍意义的观点之后，我们就可以来思考一下，参加这种交谈或讨论的人们，应该怎样做才能达到相互理解和意见一致，即便不是永久的一致，至少也应该是暂时的理解与共识。

需要遵守的第一条规则如下：除非你能确信自己理解了别人的立场，否则不要轻易表示同意或反对。在尚未理解别人的立场之前，表示反对是不礼貌的，表示同意则是愚蠢的。

在表示同意或反对之前，为了确保自己理解了对方的意思，应该有礼貌地向对方提出如下问题：“我这样说是否正确理解了您的意思……？”接着，用你自己的话把你认为自己听到的内容表达出来。对方可能会这样回答你：“不，那不是我所说的，也不是我要表达的意思。我的观点如下。”接着，在对方向你重新阐述其观点之后，你应该再次用自己的话把你理解的内容复述一遍。如果对方仍然不同意你的说法，你应该重复这个问答过程，直到对方告诉你，你终于抓住了要点，你的理解正是他想要传达的意思。只有到那时，你才有足够的理由去明智地、合理地表示同意或反对。

这个步骤很费时间，需要保持耐心、坚持不懈。大多数急于展开讨论的人都会跳过这一环节。他们甘愿冒着显得无礼或愚蠢的风险，在尚未理解对方观点的情况下，就贸然表示同意或反对。他们满足于表面上的同意或反对，而不去寻求真正的思想交汇。

真正的一致与表面的一致不同。如果两个人都关注某一有待解答的问题，他们对该问题的理解角度也完全一致，但在这个相互理解的问题上，他们却给出了针锋相对的答案，这时候，他们实际上在相互理解的基础上达成了思想的交汇，而不是表面上的一致。

真正的分歧与表面的分歧不同，如果两个人对共同关心的问题的理解角度不一致,就会产生表面上的分歧，而非真正的意见分歧。当他们对问题的理解没有达成共识，给出的针锋相对的回答看似体现了不同观点，实则不是真正的分歧。只有当他们对问题的理解达成共识之后，再给出针锋相对的回答，这时候才会出现真正的分歧。

当两个人发现他们有真正的分歧时，依然需要就分歧达成思想共识，也就是理解双方的分歧。为了达到这一目的，各方应该放弃对自己立场的偏袒，转而对对方的观点采取公正态度。我所谓的公正态度，是指尝试弄懂为什么对方持有某种观点。每个人不仅要能以对方认同的方式陈述对方的观点，而且要能陈述对方持有该观点的理由。

一个人要带着同理心去看待一种自己尚不认同的立场。如此一来，他至少充分理解了自己所不同意的观点。有分歧的理解，即双方观点有分歧但依然能相互达成的理解，是最低程度的思想交汇；无分歧的理解，即双方观点一致且又能相互达成的理解，是更进一步的思想交汇。

我们大家都应该意识到，探索客观真理赋予我们一种道义责任。如果我们发现自己确实不同意别人的观点，就应该付出不懈的努力去解决这种分歧。我们永远不应该放弃消除分歧、达成共识的尝试。

如果一次交谈未能达到上述目的，那么我们应该在其他时间再次尝试。不管这个过程多么漫长和困难，我们都应该坚持下去。我们永远不应该因为觉得争论是无益的而中断争论。

中断争论就是放弃对真理的探索，而把有待解决的问题当作个人品味范畴的事情。这就意味着把意见不一致视为纯粹个人的、无根据的意见之间的冲突，或者纯粹的主观成见或偏好的对立，因此不应该寻求一致，也不应该进行争论。

如果你确实不同意别人所持的观点，就应该通过以下的一点或几点来说明自己不同意的理由。

1.“我认为你持有这一观点，是因为你不了解某些关键事实或理由。”然后准备好指出你认为对方不了解的信息。如果对方掌握了这些信息，想法就可能发生转变。

2.“我认为你持有这一观点，是因为你对一些至关重要的事情有误解。”然后准备好指出对方犯的错误。这些错误如果得到纠正，对方就可能放弃原来的观点。

3.“我认为你充分了解有关情况，也切实掌握了支持你观点的证据和理由，但是由于你在推理中犯了错误，因而你从前提中得出的结论是错误的。你作出了错误的推断。”然后准备好指出那些逻辑错误。这些错误如果得到纠正，就可能使对方得出不同的结论。

4.“我认为你并未犯上述任何错误，你基于充分的理由进行了合理的推断，并得出了相应的结论，但我仍然认为你对主题的思考有不完善的地方。你本来应该更深入地思考，并得出其他结论。这些结论会在某种程度上改变或限定你现在已经得出的结论。”接着你要能够指出这些其他结论是什么，以及它们如何改变或限定你所反对的观点。

具有实用性的思想交谈，即必须形成决议以便付诸

行动的思想交谈，除非双方有思想的交汇，即达成基于相互理解的意见一致或者分歧，否则这种交谈就不可能使人获益。

在这种交谈中，由于迫切要求通过讨论来解决实际问题，对真理的探索不可能无休止地进行下去。有时，即使各方没能达成思想交汇，或许也不得不作出决议，不同意见也许就只得被记录下来，以期它们对今后解决类似问题多少有些益处，就像在司法裁决中按照表决的多数意见作出判决时一样，判决总会伴随支持和反对的声音。

记住这点之后，重要的是你要认识到，对实际问题的思考和交流可以且应该在三个不同层面上进行。最高层面的思考和交流，距离实用性决议和后续行动最远，它关心的是适用于所讨论问题的普世原则。在这类原则上，达成思想交汇始终是可能的。普世原则具备那种可以确定的客观真理。既然如此，达成一致意见也应该是能够做到的。

下一个层面是一般性规则或政策，它们体现了普世原则在不同的具体情况下的应用。这些具体情况会随时间和地点而发生变化。在这个层面上，理性的人可能产生分歧，而且他们的分歧可能是无法解决的。对第三个层面也就是最低层面来说，情况同样如此。在这个层面上，一般性规则和政策被应用到特定的案例当中。在此案例分析的过程中，我们更有理由预料到，理性的人可能会出现分歧。

例如，人们应该能够就正义的普世原则达成一致意见，尽管对正义的本质或原则可能存在长期争议。我们暂且假设，有两个人正在讨论一个实际问题，这个问题的解决涉及正义原则，他们二人在这些原则上的意见完全一致。他们在这个层面上的思想交汇，并不妨碍他们在转到第二层面的讨论时产生分歧。在第二层面上，他们讨论的是应该采用哪些规则或方针政策，以便把商定的普世原则应用于他们正在考虑的具体情况。

当讨论进入最低层面时，大家对要采取的规则或政策达成了某种共识，并尝试在实例中运用这些规则，对于当下的这个特定案例作出决策。到了这个时候，分歧就更难以避免了。大家在这一层面的意见分歧，也许源于对可能产生的后果有着不同的预估，或者对应当考虑的情况有着不同的判断。

许多人常犯的一个错误，应该努力避免，那就是认为在普世原则上达成一致没有任何实际意义，因为它不一定会确保在采纳何种规则或政策方面达成一致，也不一定会确保将这种一般性规则或政策运用于具体情况时达成一致的决策意见。

他们对拟采用的相互冲突的一般性规则或政策的阐述，是基于他们对普世原则的理解和共识。不管是关于这些规则和政策的意见分歧，还是关于如何将其运用于具体情况或特殊案例的意见分歧，如果不是基于普世原则的共识，这种分歧就都是不合理的。

因此，人们不应该放弃在普世原则上达成共识，也不应该认为这种共识没有任何实际意义，尽管这不能确保人们在较低层面的一般性规则或政策上取得一致意见，或者在最低层面的具体决议上取得进一步的一致意见。

我已经说过，达成相互理解的分歧是一大幸事，而达成相互理解的共识更是难能可贵。思想交汇则是我们

进行的非私人性对话要达成的最终目标，无论是理论性的还是实用性的，现在我要就此补充最后几点告诫。

首先，我想说我们不应该满足于微不足道的成果，因为人类只要是理性的，就应该努力达成期望的目标。他们不应该因为懒惰，或者对客观真理及其探索抱有过度怀疑的态度，从而逃避困难，不肯遵循有关规则或建议去寻求交谈和讨论的最佳效果。

与此同时，我们也不应该期望过高。人类既是理性的生物，也是有情感的动物，他们的思想常常会被情感所蒙蔽，他们容易出错的心智也会受到其他诸多方面的限制。因此，人类应该满足于在一定程度上接近理想，而不是苛求理想的完全实现，至少不是追求在既定的时间或地点内实现目标。

我们永远不可能完全控制我们的情绪。即使谁都想妥善管理自己的情绪，我们也不应该有此奢望。我们永远也不可能摆脱自我、设身处地地从他人的角度去看问题。派别之见和偏袒之心，永远无法完全被公正的态度取代，这种公正的态度能够让我们换位思考、接受别人所持的观点。

即使在一场特定的交谈结束时，各方就某一客观真理达成了相互理解的共识，我们也不应该认为问题已经彻底解决，尘埃落定。我们还需要付出许多努力，去理解已经达成共识的前提和影响。如果一次交谈以相互理解的分歧告终，同样还有许多工作有待我们去落实。

与此相关的告诫是：不妨换个时间和地点再深入讨论。现在暂停讨论，改天再回到这个话题上来。许多交谈因为时间有限而陷入僵局，如果是这样，这条忠告就特别有用了。

最后，我想说，良好的交谈需要发扬美德。它需要我们具备坚韧不拔的毅力，甘愿付出努力，让交谈顺利进行；它需要我们克制，适度控制自己的情绪；最重要的是，它需要我们公平待人，给予对方应有的尊重。

第十三章　研讨会：通过讨论进行教和学

讲座和其他形式的教导性发言通过讲授来教学。这是讲授式教学法。研讨会则不同。它是提问和讨论式的教学，通过提出问题、回答问题，再针对有争议的回答展开辩论来完成教学。这是苏格拉底式教学法。

还有第三种教学方法，那就是教练式教学法。如同运动技能和身体技能的发展一样，教练指导对于智力技能的发展也是必不可少的。听、说、读、写的技能，以及观察、计算、测量和估算等方面的技能，都不可能通过讲授来灌输。技能习惯只能在教练的指导下通过训练来形成，教练在此过程中纠正错误动作，并指导做出正确动作。

讲授式、苏格拉底式和教练式这三种教学法，分别与三种学习形式有关。在基础学科领域，通过课堂讲解、讲座和教科书等要素的教学，有助于获取系统的知识；

而一切智力技能的发展，都需要教练辅助式教学；第三种教学形式，即通过提问和讨论进行的苏格拉底式教学，能够在学习中进一步拓展对基本观念和价值观的理解。

这三种教学和学习形式的区别都呈现在下一页的图表上，它是去年出版的《派地亚[①]提案：一篇教育宣言》一书的核心部分。虽然我名义上是这本书的作者，但它表达了我的同事们一致同意的观点，提出了美国基础学校教育急需的彻底改革方案。

改革方案中有一项要求是，恢复学校里的教练式教学。这在十二年制的学校基础教育中几乎已经消失。改革方案还要求学校采用苏格拉底式教学法，也就是研讨会式的教学法。通过提问和讨论开展教学的研讨会，在十二年制的学校基础教育中几乎也不存在了，只有极少数例外。实施这种教学法的大学也寥寥可数。

这些教学方式的缺失，导致学生的心智发展存在严重不足。根据我多年的经验，我还知道研讨会式的教学和学习，为成熟心智的进一步发展做出了最为显著的贡献。

---

① 派地亚（Paideia），原指古希腊的文化教育和训练体系。本书的作者艾德勒将他领导的教育研究小组称为“派地亚小组”，将他撰写的教育研究丛书称为“派地亚丛书”。（译者注）

研讨会：通过讨论来教授和学习

	第一栏	第二栏	第三栏
目标	获得系统知识	发展智力技巧（即学习的技巧）	加深对基本观念和价值观的理解
方法	讲授式指导、讲座和回应、教材或其他辅助手段	教练指导、练习、在指导下实践	启发式或苏格拉底式的提问和积极参与
教学范围操练以及其他活动	1. 语言、文学、艺术 2. 数学和自然科学 3. 历史、地理和社会科学	1. 听、说、读、写 2. 计算、解决问题 3. 观察、测量和估算 4. 锻炼批判性判断力	讨论书籍（不是教科书）和其他艺术作品；参加艺术活动，例如音乐、戏剧、视觉艺术

以上三个栏目并非针对独立的课程，每一种教授与学习方式也未必只限于一节课之内。

到现在为止，我主持研讨会已有六十个年头，参会者有高中生和大学生，还有参与阅读和讨论伟大著作，或参加过阿斯彭研讨会的成年人。

长期的经验使我坚信，按照古希腊或苏格拉底模式，而不是德国模式进行的研讨会式的教学，不仅应该在大学推行，还应该在高中推行。我主持的研讨会也充分证明，高中生和大学生一样能从中获益，高中生在某些方面甚至表现得更为出色。

我更加坚信，研讨会式的教学适用于成人的持续学习，尤其有助于增进他们对基本观念和问题的理解。然而，这种教学应该而且完全能够在他们更年轻的时候就开始。

在过去的几年中，派地亚小组一直在制订改革美国学校基础教育的提案，我则在阿斯彭主持由 10 岁到 18 岁青少年参加的研讨会。我还应不同种类学校的邀请在全国巡讲，用主持高中生研讨会的方式来示范苏格拉底式教学法，供那些学校的老师观摩。根据这一最新经验，我深信完全有必要在各阶段的基础教育中推行这种教学方法。

参加这些研讨会的学生用最真切的言辞告诉我，这是他们第一次被要求动脑去思考一些观念和问题，也是他们第一次表达和捍卫他们在重要话题上所持的观点。

一次又一次的研讨会都充分表明，学生们以前所受的学校教育并没有为他们参加研讨会这种学习模式做好准备。他们既没有学会如何独立思考和回答关于重要观念的提问，也没有学会如何清晰连贯地说话和倾听别人讲话。

观念、问题和价值观——这些都是研讨会的理想主题。阅读伟大著作或其选段为讨论提供了素材，但其他精选的读物也可用于这个目的，我们在阿斯彭行政研讨会上就是这样做的。

开展研讨会甚至还可以采用纯提问的方式，不借助任何阅读材料，而是要求参会者陈述他们对一个基本观念的理解，例如进步、自由或正义。当他们的回答摆到台面上并通过进一步提问予以检验之后，就可以开始从各个角度对该观念进行探讨，并就大家对该观念的意义所持的不同看法引发的种种问题展开讨论。

汇报我过去三十年来参加阿斯彭行政研讨会的经历会占用太多篇幅。这段经历使我对讨论的诸多观念有了深刻的理解，我或许比其他参会者理解得更为深刻。

为了便于本书读者阅读，我把 1972 年在阿斯彭研究所发表的一次演讲放在本书附录Ⅱ中了。这篇演讲不仅指明了研讨会中使用的一系列阅读材料的顺序，而且总结了我和其他参会者，通过讨论那些材料中提及的观念而获得的心得。

在本章的剩余部分，我将从我在各种不同情况下、由各式各样的人参加的研讨会教学经验中，提炼出一些关于如何开展这类研讨会的建议和告诫。

前面两章中提出的一切规则和劝告，旨在为提高各种交谈的教益和乐趣提供指导，当然也适用于研讨会中的交谈。研讨会中的讨论只不过是一种特殊的交谈或双向谈话，自始至终有一位或两位主持人在一定程度上对交谈的进程和方向有所掌控。

下面要补充的规则和告诫也许有些帮助，它们主要是关于主持人应该如何在讨论进程中发挥特殊作用，以及参会者应该如何努力回应，从而使研讨会富有成效。

首先我要指出，提问和讨论式的研讨会教学不是下面这些活动：

它不是测试课，即教师提出“是”或“否”的问题，并指出回答是否正确。

它不是变相的讲座，即教师提出一些问题，稍作停顿或听了一两个不尽如人意的回答之后，就开始长篇大论地回答自己提出的问题。这实际上就是中间穿插了一些提问的讲座。

它不是经过美化的闲聊会，即每个人自由随意地表达基于个人偏见的看法，或者讲述自认为具有重要意义的经历。

上述那些“赝品”研讨会，都不能提供研讨会应该提供的那种学习体验，只有当研讨会在提问、回答和对其意义的讨论中妥当地开展时，参与者才能够获得这种体验。为达到这个目的，需要有可以展开讨论的主题。理想情况下，这些主题是由主持人根据阅读材料或者在无需阅读材料的基础上提出的基本观念、问题或价值观。

还有一些其他的先决条件。首先，是研讨会的时长。一次效果良好的研讨会需要有足够的时间来充分展开讨论，至少需要一个半小时，更常见的情况是两小时以上。标准的50分钟课堂的时间对这种讨论来说，时间实在是太短了。

第二个先决条件，是要召开研讨会的房间里的家具布置。房间内应该有一个中空的大方桌，更理想的是我们在阿斯彭研讨会上使用的那种六边形大桌。围桌而坐的参会者可以面对面交谈。研讨室应该和普通教室或演讲厅截然不同，在普通教室或演讲厅里，教师或演讲者站在前面，对面坐着一排排听讲的听众。这类房间可能适合不间断的发言和缄口静听，但是对每个人既是发言者又是倾听者的良好双向交谈来说，就完全不适合了。

第三个先决条件，是参会者的心理状态，他们应该带着开放且愿意配合的态度来参加研讨会。

所有参会者，包括主持人在内，都应该做好在参与讨论后改变个人看法的心理准备。他们应该对自己未曾接触过的观点持开放态度，在探讨这种新观点时，应该表现出愿意配合的态度，既不顽固地抵制自己以前从未想到过的东西，又不被动地屈从于它。

温顺（即可教性）是所有学习形式中的首要美德，它应该促使人们在接受或拒绝新观点之前，先对其进行评估审视，并且为了评估审视这些新观点而敞开胸怀去接受它们。那些固执好辩、为辩论而辩论而不是为了学习而辩论的人，以及那些过分顺从，一味默许而不进行批判性思考的人，都缺乏温顺可教的美德。

研讨会主持人的任务有三个方面：（1）提出一系列问题，引导讨论并为讨论指明方向；（2）审视回答，探寻得出这些回答的理由及其含义；（3）当参会者提出的观点看似存在分歧时，引导他们展开双向交谈。参会者们随后自己展开对话，主持人有时也可以参与其中，这是一次高质量研讨会的核心所在。

为了出色地完成第二和第三项任务，主持人在倾听别人讲话时，应该与提问时一样积极主动。根据我多年主持研讨会的经验，我深知这是主持人最重要的责任，也是最难做好的事情。

在研讨会上，倾听 20 或 25 名参会者的发言需要花费大量的精力，但主持人应该努力克服疲劳，在整个研讨会上始终积极主动地倾听发言。在一天时间里上两到三节高质量的课很容易，但是我严重怀疑，谁有足够的精力在一天时间里主持一场以上高质量的研讨会。

主持人在提问环节也需要充满激情。如果只像会议主持人那样轻松自在地坐在那里，然后按照参加者的意愿点名让他们轮流发言，那么主持人就没有尽到他应尽的职责。点名轮流发言也许可以维持会场秩序、防止人们七嘴八舌，但是这种做法肯定不能产生研讨会想要激发的那种学习效果。只有苏格拉底式的提问才能做到这一点。

这种学习效果，归根结底源自主持人所提的问题。这些问题应该能够引出新的议题；应该在给出第一个回答之后引出新的问题；应该很少能用简单的“是”或“否”来回答；应该是提出假设的问题，这些假设性问题的影响和后果有待审视探讨；这些问题还应该足够复杂，且包含诸多相关部分，需要有条不紊地加以探讨。

最重要的是，主持人必须确保参会者已经听到，并理解了他所提出的问题，这些问题不应仅仅被当作需要作出反应的信号，参会者只要一接收到该信号，就想到什么说什么，也不管这回答是否与所提问题有关联。

主持人应该坚持要求大家理解他的问题，他还要做足准备，能够运用不同的措辞、举出不同的例子，以此来反复阐述同一个问题。主持人还应该告诫参会者，在他们相对确定自己理解了问题之前，不要急于回答。如果没有理解问题，他们应该坚持要求主持人换一种方式重新表述问题。

所有这一切都要求主持人和参与者双方积极投入，耗费巨大的精力。不言而喻的是，它还要求主持人和参与者双方都专心倾听，而且发言要尽可能明白易懂。双方都不应该容忍心不在焉的倾听，或含混不清、语无伦次的发言。双方都不应该满足于那些看似能被普遍接受的陈述，而不去深入探索其背后的缘由，或是这些陈述的真实性所产生的后果。

我刚刚阐述了运用苏格拉底式提问法来开展研讨会所涉及的重点，但没有提及这是何种类型的研讨会。其中一种研讨会的参与者都是成年人，例如阿斯彭行政研讨会，这类研讨会的主持人可能不是专职教师；另一种是与之全然不同的中小学和大学里的研讨会，在这类研讨会中，主持人是专职教师，而且主持人和年轻的参与者之间存在年龄和成熟度的差别。

前一种研讨会的目的是，给已经离开学校很久的成年人提供继续学习的机会，后一种研讨会是学校教育中的一个基本组成部分。学校教育充其量只是整个学习过程中的一个阶段,应该为学生成年后的持续学习做好准备。如果学校没有研讨会式的教育，就没有人能期望自己会成长为一个受过良好教育的人，无论他在未成年时受到过多么充分或优质的学校教育。

当专职教师应邀在学校主持研讨会时，他们很快就会意识到，苏格拉底式教学完全不同于他们习以为常的讲授式教学，而后者也许是他们接触过的唯一教学方式。

讲授式教学要求教师必须比学生懂得更多。如果不是这样，包括他们自己在内的所有人，都会认为他们不是称职的教师。他们拥有学生应该习得的知识，授课就是为了把自己头脑中的知识灌输给学生。

苏格拉底式教学在研讨会中所发挥的作用则不同。它只要求主持研讨会的教师是一名比学生更加合格的学习者,更擅于付出努力,去理解任何有待讨论的材料，并且更擅于通过展开有深度的对话或讨论来达到正确的理解。

作为讨论主持人的教师，不应该把自己的能力，仅仅看作知晓应该提出来探讨的问题的正确答案。对于许多应该提出来的问题，并没有唯一的正确答案，而是有许多种答案，它们相互竞争，力图获得人们的关注、理解和评判。因此，讨论主持人的能力应该表现为一种意识，即知道哪些重要问题能引出一系列值得探究和需要评判的回答。

在《派地亚提案：一篇教育宣言》一书出版之前，有关这本书的消息就已传播开来，《美国学校董事会杂志》邀请我写一篇文章，介绍我与年轻人开展研讨会的经历，还要求我尽可能地提出关于如何把这种教学和学习方式引入美国各个学校（至少从七年级开始）的建议。

在本书附录 III 中，我节录了我写的那篇文章的部分内容，这些内容阐述了我为开办和组织此类研讨会提出的建议。

第五部分

结束语

第十四章　人类生活中的交谈

在人类从事的一切活动中，相互交谈是最具人类特征的行为。从长远来看，交谈可能是唯一能够最终保持人类与野兽，以及人类与机器之间的根本区别的人类活动。

在本世纪，人类已经能够训练黑猩猩使用词汇量极其有限的手语。有些人对这一现象给出了富有想象力但并不严谨的解释，在他们看来，那些黑猩猩似乎能做出陈述并回应人类的提问。即便如此，黑猩猩彼此之间并不会交谈，而且在自然状态下它们根本不交谈。它们在野外的交流，同其他所有高等哺乳动物一样，如宽吻海豚，都是靠信号来实现的，而不是借助涉及感知对象或思考对象的符号。

问题的关键不在于，人类是唯一能与同类交流的动物。所有群居动物之间，都存在某种形式的交流。问题的关键在于所发生的交流的精确类型。人类通过双向交谈进行的交流，能够实现思想的交汇，彼此共享认识和想法、感受和愿望。

共同的思想和感受以及基于理解的共识和分歧，使人类成为唯一真正能够互相交流的动物。虽然其他动物也向彼此发出表示情感或冲动的信号，但它们在思想上仍然是相互隔绝的。它们在交流时并不会交流思想。没有这种思想交流，人类社会就不可能存在，而离开人类的交谈，思想交流也无从谈起。

本世纪还出现了类似计算机的机器，这些机器被誉为人工智能机器。它们的发明者和支持者声称，这些机器很快就能做到人类依靠大脑所能做的一切事情。他们还预言，这些机器总有一天会惟妙惟肖地模仿人类的各种举动，例如听、说、读、写，以及计算、解决问题和做出决定。他们甚至还预言，人工智能机器执行这些操作时，其表现将与人类的操作毫无二致。

三个世纪以前，法国著名哲学家勒内·笛卡尔就反驳了这一预测。他断言，至少有一件事能将机器与人的表现区别开来。笛卡尔说，有一件事，机器永远也不可能成功地模仿到和人类毫无二致的程度。笛卡尔所指的这件事就是交谈。对他而言，交谈是检验人类与野兽之间以及人类与机器之间本质区别的决定性测试。

在其著作《谈谈方法》的第五部分，笛卡尔承认，也许能够制造出机器来成功模仿其他动物的行为，这些动物因缺乏智力、理性或概念性思考的能力而被称为兽类。笛卡尔承认，如果机器拥有猴子或其他非理性动物的器官和外形，“我们便找不到任何手段，来证明那种机器与动物具有不同的性质”。他在另外一处还这样写道：

> 有一个非常明显的事实是，无论一个人多么堕落或愚蠢，甚至就算他是白痴，他都能用不同的词组成话语来表达他的想法；另一方面，没有任何一种其他动物能做到这件事，无论它多么完美、多么幸运……
>
> 这不是说兽类比人类缺乏理性，而是兽类根本没有理性，因为很明显，只需要有一点理性思考的能力就能够说话。

笛卡尔哲学的一个核心论点就是，物质不会思考。因此，他以单纯由物质构成的机械为例，向他的唯物主义论敌提出了挑战，这样做完全符合他的思想主旨。在下面这段文字中，他向他的论敌发起了这一挑战，我只引用了其中的第一部分：

如果有机器和我们的身体很相似，并能在实际可能的范围内模仿我们的行为，我们始终能通过两种确凿的检验方法来确认，那些机器无论如何都不是真正的人类。

首先，机器永远不能像我们这样使用言语或其他符号，把我们的思想记录下来以满足其他人的需要。因为我们很容易就能理解，机器是被人构造出来的，使其能够发出声音，甚至在有物理作用使它的部件发生变化时作出反应。例如，如果触摸一下它的某个具体部位，它可能会问我们想跟它说什么；如果触摸到另一部位，它可能会大呼被你弄伤了等等。但是，它永远也不可能用不同方式组织语言，恰当地回答我们对它所说的一切，而即使是最低能的人也能做到这一点。

根据我的理解，笛卡尔在这里所说的话是要强调，人类的交谈具有几乎无穷的灵活性与多变性。如果有两个人长时间连续地交谈，只在短暂的睡眠间隙才暂停谈话，那我们就不可能准确地预测出他们的交谈会转到哪些话题上，以及两人会交换什么意见、提出什么问题、给出什么回答。

正是这种不可预测性使人类的交谈成为特别的东西，

预先编程的机器对它的模仿永远不可能达到与人的表现无法区分的程度。笛卡尔的名言“物质不会思考”在20世纪的翻版就是：人类技术的一切魔力将永远无法把物质塑造成真正会思考的机器。

我在一篇讲话中试图对此作出解释，这篇讲话收录在本书附录I中。我认为我在那篇讲话中已证明，机器在未来也永远不可能像人类一样交谈。我在此就不再予以赘述，读者可以参考本书附录I。

被我这篇论述说服的读者将会同意我的结论：只有人类的大脑，也就是具有概念性思考能力的智力，才能使人们得以互相交谈。能够最终达成思想交汇的双向交谈将永远是无可辩驳的证据，证明人类在本质上与野兽和人工智能机器有着根本的不同。

通过交谈所能实现的思想交流，对我们的个人生活具有极为重要的意义。它将丈夫和妻子、父母和子女这些家庭成员联结在一起。这种精神层面的结合与恋人们试图通过身体结合成一体是一样的。

请注意，我并没有说“通过交谈实现的思想交流”，我说的是“通过交谈所能实现的思想交流”。人类有时候，实际上是经常无法实现这种思想交流，原因是在双向交流过程中，特别是个人间谈心时，发言者和倾听者都未能尽责。

如果交谈无法实现思想交流，夫妻双方只是靠性关系联结在一起，缺少与之相伴的精神交流，婚姻关系通常难以为继。不能在谈心过程中做到亲密无间的沟通与性魅力衰减一样，经常导致离婚。

配偶之间如果只有性关系而没有思想交流，那是不完整的。仅仅能够就个人或情感问题进行亲密对话也是不够的。夫妻双方如果能就各种主题展开持续的交谈，从而产生思想上的共识或分歧，婚姻就会生机勃勃，如果做不到这样，婚姻关系就会出现需要注入活力的真空或空白。

父母与子女之间的关系大抵也是如此。所谓的代沟，正是年轻人，特别是青少年与父母之间沟通不畅所造成的空白或真空。青春期他们与父母之间都会有对立的障碍，这种障碍被克服的最明显标志就是，他们又能够同父母进行无拘无束的、坦诚的交谈。青春期导致他们疏离之后，这样的思想交流又把他们联结起来。如果没有这样的交流，家庭成员之间就会永远相互疏离。

家庭破裂、家人分离，不管这一情况是源自夫妻离异还是父母与子女疏远，都证明他们之间的交流即使过去确实存在过，现在也已经彻底不可恢复了。

在家庭生活的纽带以外，朋友和恋人也面临着同样的最终抉择。只有他们双方都能够，并且在坚持不懈地努力与对方进行富有教益和乐趣的交谈，他们的友谊和爱情才能在彼此的思想交融之中持续下去。

亚里士多德将最高形式的友谊定义为：两个性格相近、品行相仿的人之间的思想交流。我想补充的是，这种友谊还包括通过交谈达到思想交汇的深入交流。

不管人类的交谈多么有效地实现了心灵和思想的交流，它都永远不可能完美到彻底克服个人的孤独。我们每个人都在某种程度上被囚禁在自己思想和心灵的孤独之中，总有一些思想和感受是我们从未成功地、毫无保留地与他人分享过的。

我们可能永远也不会像其他动物那样，彼此之间完全隔离，但我们也永远不可能完全克服交流的障碍。我们在人间永远不可能达到神学家所认为的，只有圣人和天堂里的天使之间才能达到的那种完美共融的交流状态。

现在，让我们从私人生活转到我们在商业和政治生活中的人际交流，良好的对话在这两个领域中所起的作用显而易见。

几乎每个企业的经营，都需要频繁举行长时间的会议，但如果从会议的收益来衡量，它们常常过于频繁和冗长，白白浪费了大量的时间和精力。

会议议程常常安排得乱七八糟，讨论往往偏离议题，与会者在交流中常常表现得漫不经心，不能很好地倾听他人的讲话，以便给出恰当的回答。而发言者又往往不知所云，不值得仔细倾听。因此，讨论往往不能从一点过渡到另一点，无法朝希望达成的决议推进。

因为上一次会议没能达成思想交汇，也就是没有就某个实际问题的解决方法达成共识或相互理解的分歧，故而无法采取决定性的行动，所以后续还需要召开商务会议。会议开始时往往不会对上次已经讨论过的内容进行充分的总结，通常只是重复一遍先前会议上的内容，而不是在上一次讨论的基础上向前推进。

我想讲一段自己的亲身经历，来说明改进商务会议的重要意义。在30年代末，哈钦斯和我在芝加哥大学倡导的教育改革遇到了障碍，这使我感到沮丧。我考虑离开大学，接受纽约梅西百货公司的一份工作。

公司给我开出的薪水是我当教授时薪酬的6倍。我问当时公司的董事长珀西·斯特劳斯，这份工作的头衔是什么。他告诉我说，他将让我担任某部门的副总监。当我接着问我的职责是什么时，他说我的职责就是思考梅西百货公司各个方面的业务发展。

他的描述让我觉得有些笼统含糊，因此坚持要求斯特劳斯先生给我一个更具体的回复。他没有直接回答我，而是问我认为自己能为公司做些什么，才能不辜负公司给出的这份薪水。

我告诉他，除了我能做的其他任何工作以外，我还愿意负责梅西公司的商务会议，使之变得高效，以减少开会的频次，并节约公司高管的时间，让他们不再需要动辄就把案头的重要工作丢下，走出私人办公室，聚集到会议室，然后在会议桌前一坐就是好几个小时。

梅西百货公司的董事长迅速计算了公司高管的年薪，并估算出缩短商务会议时间后带来的节省和效率提升，以及由此产生的更高的企业产能。他毫不犹豫地说，如果我能做到我所承诺的，那我绝对“物超所值”。（后来我没有接受那份工作，原因与此无关。）

我针对商务会议所说的一切，同样适用于高校教职工会议、医生们就政策事宜举行的会议，以及基金会和其他非盈利性机构的董事们为解决实际问题和制定影响未来行动的决策而召开的会议。

公开讨论公共问题，无论是普通民众，还是公职人员或公职候选人都应参与其中,这是共和国的命脉所在。

一个共和国，如果丝毫没有对我们称之为公共事务的讨论，这就像一个军事组织，既没有武器装备，也不考虑使用这些武器的战略战术一样，这完全是自身本真的一种歪曲。

不管这个共和国是全体公民直接参政，还是采用代议制政府形式，由全体民众与选举或选拔出来的官员共同参政，这都无关紧要。古希腊和古罗马共和国的集市与广场,都见证了公共讨论在他们生活中所发挥的作用。

“元老院和罗马人民（SPQR）”这一称谓是古罗马共和国繁荣时期的象征，它标志着参政者既有贵族又有平民，既有元老院议员又有普通民众。这个制度确保了他们始终参与对公众事务的公开讨论。

当凯撒的帝制与专制统治取代了共和国政体之后，公众讨论便停止了。民众在圆形剧场或竞技场聚集，目的只是为了享受多少有点野蛮的娱乐活动，而绝对不是讨论公众事务。元老院议员们躲在家里，竭力避免别人怀疑他们要对公众事务发表什么意见。当讨论停止，凯撒及其禁卫军接管了政府，共和国也就消亡了。

现代的共和国大多数采用代议制政府的形式，它们以议会、国会、议院或其他名称的立法机构来代替古代共和国的广场集会和讨论。“议会（parliament）”一词在这些不同名称中意义最为重大，因为它的词源表明，这一政府分支机构与言语或交谈有关，这种言语或交谈无疑涉及公共事务。

美国共和国宪法的修正案规定，人民享有集会权，且言论自由受保护。这同样表明，不受约束的公众讨论对共和国的生命力有多么重要。

上述宪法修正案的实施，也许可以保证对公众事务的公开讨论不受约束，但是它无法也不可能保证，国会议员或者民众集会进行的政治讨论能够取得应有的良好效果。任何宪法条文或政府法令都不能保证做到这一点。只有提高全体民众所接受的学校教育的质量，才能提高公众讨论和政治辩论的质量。

说到这种提高，首先必须提高人们说和听的能力，把他们的听说能力提高到能够有效进行双向交谈的水平；同时，必须深化人们对基本政治观念和原则的理解，它们是构成我们政府的基础框架。

在全民享有选举权以及民主共和国诞生之前，限定当时的极少数公民接受这种学校教育也许是合适的。但如今，“人民”指的是“全体心智健全的成年人”，因此，必须为全体人民提供这种必要的高质量教育，而且要一视同仁。这种教育应该与全民选举权一样，属于全体民众。

《西方世界的伟大著作》多年前已由大英百科全书公司出版，罗伯特·哈钦斯为这套丛书撰写的导论卷书名为《伟大的对话》。这是指那些伟大著作的作者们围绕共同主题展开的持续不断的对话，这些伟大著作构成了西方思想的传统，或者至少是其基本框架。

我在编纂与这套丛书配套的《西方大观念》时，想设法证明罗伯特·哈钦斯关于伟大对话的构想，所以在大约3000个对话主题下，罗列了伟大著作的所有或者说几乎所有作者论述这些主题的相应段落。

在《伟大的对话》的首段，哈钦斯不仅宣称西方的传统突出体现在伟大的对话之中，而且还指出西方文明的典型特征就在于这样一个事实：西方文明是，也只有西方文明是，对话的文明。我不禁要在此引用他写的一整段话：

西方的传统体现在“伟大的对话”之中，这种对话从历史的发端开始，一直延续至今。无论其他文明在其他方面有多少长处，没有一种文明能在这一方面与西方文明媲美。没有任何其他文明能声称它的典型特征就是这种对话。没有任何其他文明的对话能同西方文明的对话一样，拥有那么多对此做出贡献的伟大思想著作。西方社会的发展目标是“对话的文明”。西方文明的精神是质询的精神，其中起支配作用的因素就是逻各斯。没有什么事情是不经过讨论的，每个人都要发表自己的观点。没有什么主张是不经过审议的。思想的交流被认为是实现本民族潜力的途径。

为展现哲学思想（无非就是对最基本的观念展开的思考）而撰写对话的传统是由希腊人开始的，然后由罗马人加以延续，到了中世纪，大学的口头辩论呈现出略为不同的形式。例如，托马斯·阿奎纳就曾连篇累牍地将辩论以书面形式记录下来，这种做法一直持续到现代，贝克莱主教、休谟和其他人撰写的对话就是明证。

在《论公民自由》一文中，休谟承认交谈在人类生活和社会中的核心地位，并赞扬法国人在这方面超越了希腊人：

在某个方面，法国人甚至超越了希腊人。他们完善了一门艺术，也是所有艺术中最有益、最令人愉快的艺术——生活艺术，即社交与对话的艺术。

法国人理应受到尊重，但在18世纪的英国以及同时期的北美殖民地，对话之风也曾兴盛一时。如果不是因为对话，美国这个共和国可能永远不会诞生。只是到 19 世纪末，对话开始减少、走向衰败，到我们这个时代，这种衰落已经达到了最低点。这种衰退与公共教育质量的下滑不相上下，而与此同时，我们学校里的学生人数从少数增加到多数，又从多数增加到未来将成为美国公民的全体儿童。

最后，让我们从国内和地方政治转向国际舞台。在那里，对话的重要性达到了极致。当国与国之间的外交对话宣告失败时，国际战争就会爆发。新闻报道会预先发出警告，诸如“对话正在恶化”或“对话已经破裂”。然后，如果国家之间的利益冲突足够严重，他们也就别无选择，只好依靠战争来维护本国的利益。

西塞罗在公元 1 世纪对这一点的阐述最令人信服。他写道：

解决争端的方法有两种：一种是通过对话，另一种是通过武力。第一种方法是人类的特性，第二种方法则是野兽的本性。我们只有在第一种方法失败之后，才应该诉诸第二种方法。

十几个世纪以后，意大利人马基雅弗利和英国人约翰·洛克用略有不同的言词，表达了同样深刻的见解。马基雅弗利写道：

……争斗的方法有两种，一种是使用法律，另一种是使用武力。第一种是人类使用的，第二种是野兽使用的；但是因为第一种方法常常不足以解决问题，人们就不得不诉诸第二种方法。

对此，洛克相同的论述如下：

人类之间有两种竞争，一种依靠法律，另一种依靠武力。其特性是，一种竞争结束，另一种竞争就会开始。

马基雅弗利和洛克表述的通过法律进行斗争或解决争端的方式，与西塞罗的观点是一致的，即对话而非武力。针对任何争端或利益冲突的法律裁定，始终离不开对话。如果作出的裁定需要依法强制执行，这种法律强制力便代表了只有合法政府才能被授予的力量。所有其他未经授权的强制力都是暴力，使用这种暴力就是犯罪、恐怖主义和战争。

战争无非是使用武力的战场。我们所谓的“冷战”，并不使用武力或诉诸暴力手段。即使真正的战事并未爆发，冷战实际上也是一种战争状态而非和平状态，因为在这种形势下，冲突和争端并不能通过对话或由授权的权力机构强制执行法律裁定来解决。

因此，真正的公民和平是存在的，它和冷战不同，后者无非就是没有动真刀真枪而已。真正的和平在任何地方都能存在，只要我们还有通过对话、诉诸法律和强制执行来解决所有争端与冲突的机制。

公民政府提供了通过对话或讨论来解决争端所需的机制。在政府机构正常运转时，它不会容许对话不断恶化，直到个人或国家不得不诉诸武力的地步。武力是丛林中的野兽使用的方法，而不是文明社会中的人类应该使用的方法。

从对战争与和平的这种理解中，我们应该吸取如下教训：世界公民和平需要一个具有强制力的世界公民政府，正如每一个地方的公民和平都需要一个具有强制力的地方公民政府一样。

我充分意识到，在大多数人看来，这个教训要么是毫无实现可能的幻想，要么是一种令人绝望的劝告。大家第一反应可能会说：类似于美国联邦制那样的世界公民政府是无法实现的乌托邦梦想。如果狭隘的民族主义观点根深蒂固的话，他们很可能还会进一步认为，世界公民政府是不可取的，因为它要求放弃国家主权。

我对这些反应的答复是，没有世界和平，人类就无法在地球上继续生存下去，世界政府不仅对实现世界和平而言是可取的，而且也是必要的和有可能实现的。当年北美十三个殖民地赢得了独立,之后它们在《邦联条例》下松散共存，就像现在世界各国在联合国下松散共存一样，但是，它们发现彼此之间矛盾重重，此后它们放弃主权，组成了美利坚合众国。世界政府的建立也同样有可能。

为了支持用《美国宪法》取代《联邦条例》，汉密尔顿、麦迪逊和杰伊联合撰写了《联邦党人文集》，在该文集前九篇中，他们提出的建立联邦共同体的提议直击要害，与美国宪法序言所宣称的“更完美的联合”相契合。

这三位作者争辩说，在《邦联条例》下，新大陆上这几个如今已获得独立的州很可能会互相开战，其原因同旧大陆上的国家之间永远存在战争别无二致。如果这些作者今天还活着，他们也会争辩说，《联合国宪章》作为避免战争的工具绝不比《邦联条例》强多少。

我仅需要再补充一点。1946 年，也就是最早两颗原子弹投下之后，在芝加哥大学，这个最早实现核裂变并促使原子弹诞生的地方，时任该校校长的罗伯特·哈钦斯组建了一个“世界政府宪法起草委员会”。经过两年的思考和讨论，该委员会制订出一份文件，由芝加哥大学出版，标题为《世界宪法初步草案》。

在我看来，该文件为“建立世界政府不仅对世界和平而言是必要的，而且是完全可能实现的”这一主张提供了思考根据。剩下唯一值得怀疑的问题是，这个政府是否有可能在为时已晚之前诞生，以便及时阻止一场毁灭地球或阻断地球上文明生活存续的战争。

最后，请大家注意，对话在每个人的生活中都能发挥作用，只要这个人有充足的时间去参与休闲活动。这里所说的休闲活动不是那些带来娱乐或放松的玩耍，而是有助于个人学习以及心智、道德和精神成长的活动。

休闲活动可能是一个人以完全独处的方式进行的活动，比如阅读、写作或任何一种个人单独从事的艺术创作；也可能是由若干人共同参与的社会活动，比如对话或双向谈话。任何一种智力工作，无论是艺术的、科学的还是学术的，只要是由某个目的联合起来的、若干人合作进行的工作，它就离不开对话或讨论。

在人生成熟时期投身于休闲活动的追求，这对完成学校没有给予或尚未完成的教育过程而言是必不可少的。一个人如果在成年时期没有继续学习下去，他就无法成为一个真正受过教育的人，不管他此前所受的学校教育有多好。

这种继续学习应该采取的主要和最普遍的形式是什么呢？我的回答是有三种形式：

第一种学习形式，是从自身的经历中去发现人生和社会的真相。第二种学习形式，是通过阅读可以提供这些真相的书籍来增长知识和加深理解。第三种学习形式，是通过和他人展开富有教益和乐趣的交谈来获益，交谈的话题可以是旅行见闻、读书心得、获得的知识和了解的事物。

前两种形式，如果没有第三种形式作为补充，就无法圆满完成成人生活中继续学习的过程。圆满完成这一过程就能成为一个真正受过教育的人。这就是学会如何说和如何听对我们所有人都如此重要的原因所在。

附录

附录 I　哈维 · 库欣纪念演讲

1982 年 4 月在美国神经外科医生协会年会上的讲话

引言

1. 我非常荣幸能够应邀前来发表纪念哈维 · 库欣的讲话——也就是大家所谓的“演说（oration）”。我希望这是一场“讲话（address）”，而非“演说”。

2. 我在感到荣幸之余，还有些惶恐，因为我研究的是心理学这门软科学[①]，以及哲学这门更软的学科，现在却要站在你们这些来自纯粹硬科学领域的领军人物面前发言。

a. 当肯普 · 克拉克医生第一次找我时，我犹豫是否要接受邀请。我不知道是害怕自己没有演说者的口才，还是担心哈维 · 库欣的名声实在太大。

b. 很快，诸多美好的回忆涌上心头，让我打消了这两个顾虑。回忆里不仅蕴含着我对库欣医生的敬仰之情，

① 软科学，和硬科学相对。一般来说，自然科学常被称为硬科学，而社会科学常被认为是软科学。（译者注）

还让我想起自己很年轻时就对神经生理学研究抱有浓厚的兴趣。

c. 在早些时候与克拉克医生的一次通话中，我告诉他，20 世纪 20 年代初，我还是哥伦比亚大学的一位年轻的心理学教师，曾前往位于第 59 街靠近第 10 大道的内外科医学院，修读蒂尔尼教授和埃尔温教授的神经解剖学课程。

（1）埃尔温教授是解剖学家，为我们讲授了大部分课程，并指导我们在显微镜下观察脊髓切片。

（2）蒂尔尼医生是当时伟大的神经学家之一。我清楚地记得有一次他穿着晚礼服去上晚间课程，课上他讲解了他对大脑病理的诊断，以及治疗这种疾病所涉及的手术操作。

3. 我既是心理学的学生，也是心理学的教师，所以情不自禁对大脑和中枢神经系统的运作产生了兴趣。

a. 在威廉·詹姆斯的两卷本《心理学原理》以及拉德和伍德沃斯的《生理心理学要素》的前几章中，有很多关于心智与大脑关系的推测。这两本书所写的内容在当时被视为科学知识，但如果你现在再去阅读它们，其中的无知程度会让我们捧腹大笑。

b. 近年来，我阅读了该领域里的许多新作。请允许我在这里随便提几本：

C.S. 谢灵顿的《神经系统的整合功能》

C. 贾德森·赫里克的《鼠脑与人脑》

J.C. 埃克尔斯的《心智的神经生理学基础》

沃德·霍尔斯特德的《大脑与智能》

沃伦·麦卡洛克的《心智的体现》

K.S. 拉什利的《大脑机制与智能》

怀尔德·彭菲尔德的《心智的控制》一书中的《心智的生理基础》

c. 更近些年来，人工智能领域实验研究的兴起和技术进步，为探究心智的物质基础开辟了另一条研究路径，我转而开始阅读如下书籍：

约翰·冯·诺依曼的《计算机与人脑》

A.R. 安德森编辑的论文集《心智与机器》

A.M. 图灵的文章《计算机器与智能》

J.Z. 杨的《大脑的程序》

丹尼尔·C. 丹尼特的新作《头脑风暴》

d. 请原谅，在你们这些专家面前提及这些，也许显得我在班门弄斧。我之所以提到自己涉猎的神经生理学和人工智能方面的文献，是想事先消除你们可能会产生的疑虑，因为我接下来将从哲学乃至形而上学的层面，来讨论思维与大脑的关系问题。

（1）你们可能怀疑，我的哲学推测反映的是老旧的理论，这些理论在最先进的科学研究揭示的事实面前已经站不住脚。

（2）你们甚至可能怀疑，由于我将以哲学家的身份对你们讲话，我可能会傲慢地忽视那些与要讨论的问题相关的科学知识，并认为这样做是理所当然的。

（3）我想向你们保证，这两种疑虑都是没有根据的。我对神经生理学最新发展的了解也许没有那么透彻，但我希望你们能知道我对思维与大脑的哲学思考并没有违背那些必须考虑的事实。

4. 我想与各位探讨的两个主要问题可以表述如下：

a. 我们对大脑和神经系统，包括中枢神经系统和自主神经系统的了解，现在或将来是否足以解释所有的动物行为？

b. 假设对上述问题的回答是肯定的，那么第二个问题就是：这是否意味着我们也能用我们现在或将来对人脑和神经系统的了解来解释人类的行为，尤其是人类的思维？

c. 我相信你们会立即注意到，在第一个问题得到肯定回答的前提下，第二个问题的答案取决于一个关键点：人类与野兽之间的差异到底是种类上的差异还是程度上的差异。

5. 我打算按以下步骤来探究并思考这两个问题的答案：

a. 首先，要简要解释“种类差异”和“程度差异”之间的区别，尤其是“种类差异”的两种模式——根本差异和表面差异。

b. 其次，通过将人类与天使进行对比，来阐明何为“种类的根本差异”，我希望你们会认同关于思维与大脑之间关系的某种观点是错误的，并对该观点予以摒弃。

c. 第三，思考人类与野兽的关系，以及人类与具备人工智能的机器之间的关系。

d. 最后，我将提出我认为正确的关于人类思维与人脑之间关系的观点——当然，这个“正确”仅限在未来神经生理学和人工智能领域的实验研究将其推翻之前。

“种类差异”与“程度差异”

1. 当在某一特定方面，一个事物多一些，另一个事物少一些时，它们之间就存在“程度差异”。

a. 例如，两条长度不等的线只是在程度上有所不同。

b. 同样，两个重量或复杂程度不同的人脑也仅仅存在程度差异。

2. 当一个事物具有另一个事物完全缺乏的某种属性或特征时，它们之间就存在“种类差异”。

a. 例如，矩形和圆形存在种类差异，因为一个有内角，而另一个完全没有。

b. 同样，拥有大脑和中枢神经系统的脊椎动物与完全没有这些器官的生物也有种类差异。

3. 如果某一“种类差异”是基于潜在的“程度差异”，并且可以用这种潜在的“程度差异”来解释的话，那么这种“种类差异”就是表面上的种类差异。

a. 例如，水和冰之间有明显的种类差异（你可以在冰上行走，而不能在水上行走），这是因为构成水和冰的分子的运动速率不同，因此这是潜在的“程度差异”。

b. 同样，人类与其他动物之间有明显的种类差异（人类能做其他动物完全不能做的事），这也许是由于它们大脑的复杂程度不同。如果是这样的话，那么这种显而易见的差异就是表面上的种类差异。

4. 如果某一“种类差异”不能通过任何潜在的“程度差异”来解释，而只能通过在一个事物中存在，而在另一个事物中完全不存在的某个因素来解释，那么这一“种类差异”就是根本差异。

a. 思考一下植物和高等动物之间的差异。这似乎是种类上的差异，因为动物能够进行植物完全无法进行的活动。

b. 如果这种“种类差异”只有一种成因——动物拥有植物缺乏的大脑和神经系统，那么这种差异就是根本性而非表面性的差异。

天使与人类

1. 首先，我想说明的是，我希望你们仅仅把天使当成可能的存在——一种纯粹假设的实体。至于存在天使的宗教信仰是否可信，不在我们的考虑范围之内。

a. 作为可能的存在，天使是纯精神层面的。在此，我们之所以对它们有兴趣，是因为它们被设想为没有身体的思维。

（1）作为没有身体的思维，天使有认知、意志和爱，但表现方式与我们不同。

（2）天使没有身体这一特征导致了许多惊人的后果：

（a）它们不会从经验中学习。

（b）它们不会发散性地思考，因为它们没有想象力和记忆。

（c）它们的知识是直觉性的，这种知识源于它们被创造的那一刻就已被植入的先天观念。

（d）它们之间通过心灵感应交流，无需借用任何媒介。

（e）它们的思维从不犯错，也从不入眠。

b. 在所有这些方面，没有身体的思维与人类思维截然不同，因为人类思维与身体相关联，而且依赖身体发挥部分或全部功能。

2. 你们可能会质疑天使这种没有身体的思维和没有大脑的思维存在的可能性。如果是这样，请让我为天使存在的可能性进行辩护，以反驳那些认为有理由否认天使可能存在的唯物主义者。我这样做是因为，正如你们

即将看到的，唯物主义者的谬误对我探讨思维与大脑问题的过程有着至关重要的影响。

a. 唯物主义者的论点如下：

（1）他们断言，现实中除了有形的实物，从基本粒子到最复杂的有机体、从原子到恒星和星系，不存在别的物质。

（2）但据说天使没有实体。

（3）因此，他们得出结论——天使不可能存在，就像圆形的正方形一样难以想象且不可能存在。

b. 这个论点从一方面来看显得不堪一击，从另一个方面来看则是错误的。

（1）这个论点的初始前提（除了有形的物质之外，不存在别的物质）是一个未经证实且无法证实的假设。该前提可能是正确的，但我们并无确凿的证据，对此只能将信将疑，没有理由断言它是否正确。这个前提就像相信天使真实存在的宗教信仰一样，只是一个信念问题。

（2）即使我们承认这个初始前提是真实的，这个论点也是错误的，因为基于该前提推导不出这个结论。

（a）如果假设的前提是正确的，那么从中得出的合理结论是：天使这些无形的实体在现实中并不存在。

（b）但是天使无法存在——即它们不可能存在——这个结论根本无从得出。

c. 有许多有利的论据能够用来证实天使的存在是可信的，也是可能的，但我无意在你们面前再赘述一番。在我们目前的讨论中，只要能够意识到唯物主义者无法有效地否认天使可能存在就足够了。

d. 同样，唯物主义者也无法否认人类的思维可能是一种精神性的、非物质的因素，与作为物质因素的大脑相关联，而这两者都是解释人类思维必不可少的条件。

3. 这就让我们得出了一个与唯物主义截然相反的观点，这种观点将人类思维视为一种非物质的实体、一种非物质的力量，其独特的活动——理性思考——并不需要大脑参与。

a. 这是古代柏拉图和近代早期笛卡尔所持的观点。

b. 这种观点犯了我所谓的“天使主义谬误”，因为它将理性灵魂或人类智力视为天使的化身。也就是说，人类的思维可能与身体相关联，但其智力活动并不依赖于身体，也不需要身体参与。

c. 你们都知道，人类的思维活动依赖于大脑的功能和运作，而且脑部疾病会对人类思维产生各种影响，所以，无需我多说，你们也会相信，这种将人类思维视为天使化身的柏拉图式和笛卡尔式观点，与已证实的证据相悖，因此必须被摒弃。

d. 我只想补充一点：从纯粹的哲学角度来看，将思维或灵魂与身体孤立看待的二元论是站不住脚的。

（1）该观点否认了人的整体性，将我们视为两个独立的实体，就像船和划船的人一样独立。也就是说，两者中的任何一方都可以在没有另一方存在的情况下继续存在。从存在层面来说，它们是不同且可分离的。然而，人类思维和大脑的关系并非如此。

（2）该观点给我们留下了一个无法解释的谜团，即为何人类的思维会与人类的身体存在关联。

人类、其他动物与智能机器

1. 毫无疑问，在许多行为方面，我们与其他动物只有程度差异。

2. 同样毋庸置疑的是，人脑与高等哺乳动物的大脑

具有程度差异——大脑的复杂程度以及大脑重量与体重的比例不同。

3. 至于人脑和动物大脑之间是否也存在种类差异，这可能还存在一些疑问。我想把这个问题留给你们来回答。

a. 例如，左右脑不对称是不是人类独有的特征？

b. 动物的大脑中没有人脑的语言中枢结构（这似乎与其大脑皮层不对称有关），这是否属于种类差异？

c. 人脑的前额叶特别发达，这是不是另一个神经系统存在种类差异的标志？

4. 无论你们对这些问题的回答是什么，都应该考虑我接下来要讲的人类与动物在行为上存在的种类差异。

a. 以下这些人类与动物之间的差异在我看来是种类差异，而非程度差异。至于这些种类差异是表面差异还是根本差异，还有待研究。

（1）动物只具备感知性思维，而人类具有动物完全不具备的概念性思维。

（a）人类语言涉及概念和句法（里面有不可感知、无法想象的事物的词汇），以及人类学习语言的方式都可证明这一点。最近所谓关于黑猩猩和宽吻海豚言语能力的所有研究，都无法反驳这一点。

（b）动物的感知性思维虽然也涉及感知抽象事物和概括的范畴，但却无法处理不可感知或不在感知范围内的对象。

（c）与之形成鲜明对比的是，人类的概念性思维能够处理不在感知范围内和完全不可感知的对象，例如天使。

（2）感知性思维与概念性思维之间的这一基本差异，以及人类独具概念性思维能力这一事实，解释了人类与动物行为之间的许多其他差异。

（a）人类是唯一拥有悠久历史传统，并且在代际间存在文化传承（而非仅仅是基因遗传）的动物。

（b）人类是唯一为其成立的组织制定法律和宪法的动物。

（c）人类是唯一制造机器并通过机器生产物品的动物。

（d）如果没有概念性思维和概念性语言，诸如此类的事情都是不可能实现的。

5. 如果人类与动物的行为确实存在种类差异，那么我们仍要面对一个尚未解答的问题：这种种类差异是表面性的还是根本性的？它能否通过人类与动物之间的程度差异来解释？如果可以，那么这种种类差异只是表面性的，否则它就是根本性的。

a. 要得出这只是表面性的种类差异这一结论，还必须满足另一个条件：人脑与动物大脑之间的程度差异，必须能够充分解释人类行为与动物行为之间显而易见的种类差异。

b. 让我暂时搁置一下这个问题，先来思考一下人类的思维与那些被认为具备人工智能（这种智能仅在程度上与人类智能有别）的机器之间的关系。

c. 我之所以这么做，是因为这将对我们要解决的终极问题起到关键作用。

6. 这里需要指出的最重要的一点是，人脑与那些由制造者赋予智能的人造物品之间的区别在于：后者是纯粹的电子网络，而人脑既是电子网络，又是化学工厂，而且里面的化学成分对大脑的电路活动来说是不可或缺的。

a. 过去三十年的非凡研究，向我们展示了化学促进剂和神经递质对人脑运作的重要性。

b. 尽管目前在创造所谓的“湿件[②]计算机（wet computers）”的研究领域有了新的发展，但在人工智能机器的运作过程中仍然不具备这些化学因素的功能。

c. 在湿件计算机彻底变为现实之前，人脑与计算机之间将始终存在种类差异，即使能够制造出电子单元和连接数量超过十的十一次方的机器，这种差异也不会消失。

d. 如果制造湿件计算机的梦想未能彻底实现，神经生理学或许有一天能够解释清楚人类的思维，但无论电学结构多么复杂和精细，我们永远也无法制造出一台能够像人类一样思考的机器。

e. 我们可以训练狗和马完成一些非常复杂且令人惊叹的把戏,但这些特技与它们是否拥有非凡的智力无关。

f. 同样，我们可以通过编程让计算机仿冒人类思维完成更复杂、更非凡的任务，但这并不意味着计算机拥有人类的思维能力。

---

② 湿件，计算机专用术语，指与计算机软件、硬件系统紧密相连的人（如程序员），以及与系统相连的人类神经系统。（译者注）

g. 如果人与野兽之间的唯一差异，仅在于神经系统的相对大小和复杂程度，且该系统依靠的是大脑化学产物的辅助和推动，那么我们或许就可以制造出思考能力可与人类相媲美的湿件计算机。如果未来的计算机在元件构成上超越人脑,达到十的十一次方以上的计算能力，并且能够模拟人脑中化学介质的成分在所谓的湿件计算机中有效运作，那么未来的计算机可能会超越人脑。

h. 然而，如果人类与动物之间的差异，不仅仅是大脑的重量和复杂程度（相对于其体形和体重而言）这些数量上的差异；如果情况正相反，动物的感知能力与人类的概念能力之间的差异源于人类体内存在的一种非物质因素——与大脑协同工作又无法简单归纳为大脑运作过程的人类智力；那么，无论计算机的构成多么庞大、无论其电路有何种化学辅助作为支撑，它都永远无法像人类一样思考或进行概念性的思考。

i. 正如笛卡尔几个世纪前所说的那样，物质不能思考。人类所能制造出的最好的计算机，不论是在电学还是化学层面上，都永远只是一种实物。

j. 正因如此，A.M. 图灵提出的关于计算机是否能像人一样思考的测试才如此趣味横生，且意义重大。

k. 这项测试回应了笛卡尔向当时的唯物主义者提出的挑战——他质疑他们能否制造出会理智思考的机器。

7. 图灵测试是我所知道的唯一一个能够确定计算机是否能像人类一样思考的关键测试。顺便一提，A.M. 图灵是位有点疯狂的英国天才，正是他破解了德国的恩尼格码③。

a. 图灵测试是以如下方式进行的：

（1）一名询问者站在一个屏幕前，屏幕后面有一男一女。

（2）通过向他们提问并参考他们的书面回答，询问者必须设法判断这两个人中哪个是男性，哪个是女性。

（3）屏幕后的人必须尽其所能来误导询问者。如果他们竭尽聪明才智，他们就会成功。

（4）询问者所做的判断全靠猜测，正确率和错误率各占百分之五十。

b. 图灵说，现在，在屏幕后面分别有一个人和一台电脑，电脑只具有图灵所说的“婴儿期”或“初始编程”

---

③ 恩尼格码，用于军事和外交的密码，其中最著名的应属第二次世界大战中德国使用的密码。（译者注）

的能力。

c. 要了解机器编程(无论它能变得多么复杂和庞大)的局限性，必须要区分高等哺乳动物和人类所拥有的两种先天禀赋。与高等哺乳动物和人类相比，昆虫的本能行为更类似于机器的初始编程中所包含的那种先天禀赋。

d. 首先，让我们来考虑人类和高等哺乳动物。这两者都拥有两种与生俱来的禀赋。

(1)第一种禀赋可以借用计算机技术中“编程”这个术语来表示。

(a)“编程”指的是动物对刺激有预先形成的既定反应这一先天能力。

(b)具有复杂的本能行为模式的昆虫也拥有非常高级的先天禀赋。

(c)高等哺乳动物拥有的预先形成的本能行为模式比昆虫少。

(d)人类的这一预先形成的禀赋在所有动物中最少：从严格意义上来说，人类没有本能，他们的先天“编程”是由频次相对较少的脊髓和脑脊髓反射构成的。

(2)第二种先天禀赋是由能力或者说力量构成的，这些能力或力量的确受到学习及习惯养成的影响，从这个意义上来说，这个先天禀赋是不确定的。在出生时以及通过学习和养成习惯之前，先天禀赋都是不确定的；也就是说，它们并不倾向于产生某种特定的实际行为。

（a）高等哺乳动物天生就具备这种能力，它们能够学习和养成习惯，家畜的驯养便是明证。

（b）人类这种先天禀赋的程度是最高的：他们是出类拔萃的学习型动物，他们出生后的行为很大程度上是由其先天能力决定的，而这种先天能力是通过学习和习惯养成而获得的。

（c）举例来说，人类婴儿天生具备学习任何语言的能力，并没有说某一种语言的特定倾向。人类还天生有能力去思考任何可以思考的事物。

e. 接下来，让我们思考一下人类和机器。与人类及高等哺乳动物形成对照的是，人工智能机器只有一种与生俱来的天赋，即图灵所称的“婴儿期”或“初始编程”。

（1）这种编程总是且只会让机器产生预先设定的固定行为。机器的程序化行为完全就像是昆虫复杂的本能行为，或是高等哺乳动物以及人类的反射行为。

（2）正如休伯特·L. 德雷福斯在其著作《计算机不能做什么》中所指出的，机器编程拥有的那种天赋只能让机器产生预先规定好的、确定的行为，这绝非是那种通过学习、习惯养成才能获得的不确定的能力。

（a）就动物而言，这样的学习和习惯养成是需要条件才能实现的。

（b）就人类而言，学习和习惯养成有时需要条件，有时则通过自由选择来实现。

（3）用德雷福斯教授的话说，“非编程式的人类能力涉及所有形式的智能行为”，而无法植入机器中的正是这种非编程式的能力。

f. 如果是这样，人工智能机器的“初始编程”或“婴儿期”就永远无法通过图灵测试。

（1）无论这种编程多么出色，能让机器对 N 个问题（N 为任意大的有限数）给出预设回答，总会有第 N+1 个问题是机器无法给出预设回答的。因此，提问者将能够分辨出屏幕背后的机器，因为屏幕背后的人能够回答出第 N+1 个问题。

（2）当然，有朝一日，机器仍有可能被赋予第二种天赋——由学习、习惯养成、条件作用或选择等因素决定的不确定的能力。

（3）我认为——德雷福斯教授也这么认为——出现

上述情况的可能性极低。但唯一能够从实证层面证明其不可能的方法就是让人工智能专家一次又一次地尝试，然后一次又一次地失败。他们尝试的次数越多，失败的次数越多，就越能证明他们无法成功。

8. 如果事实如我所想的那样，证明机器无法像人类一样运作，那么我们就有理由通过实证得出结论：人类的独特表现不能仅仅用大脑的电化学能力来解释。

a. 如果行得通，那么未来的机器只要被赋予比人脑更强的电化学能力，就无疑能够超越人类，并且是以一种与人类表现无法区分的方式超越人类。

b. 我们得出的结论证实了亚里士多德和阿奎那的哲学判断，即大脑只是人类思维的必要不充分条件。没有大脑，我们无法思考，但我们并不是用大脑来思考的。我们思考借助的是一种本质上非物质的力量，那就是人类智力的力量。

c. 如果我在此判断有误——这只有等到未来才能揭晓——那么我愿意承认，机器能够像人类一样思考，而且思考的物理过程（无论是单纯的电学过程还是电化学过程）能够为我们充分解释清楚人类的概念性思维以及动物的感知性思维。

9. 在我继续之前，请允许我提醒你们注意与图灵测试相关的或由此产生的三个问题：

a. 首先是这样一个历史事实：17 世纪的哲学家笛卡尔早在图灵之前就提出了一项类似的测试，该测试旨在证明机器和动物不能思考，后者被他视作有感觉和大脑但没有智力的机器。那是一个对话测试。笛卡尔说，永远不可能造出能够像两个人那样对话的机器，因为两个人的对话可以有无限的可能，其话题千变万化，完全不可预测。

b. 不管和笛卡尔的预言相违背的图灵机能否被造出来，有一点可以肯定：会交流的黑猩猩和海豚都不可能凭借其符号语言通过图灵测试，即让人分辨不出屏幕后面到底是人还是动物。

c. 你认为人类与动物之间的种类差异是表面性的还是根本性的，这取决于你是否认为有朝一日神经生理学能够解释人类为何能够成功通过图灵测试。

（1）倘若如此，人脑的能力能够解释人类为何能成功通过测试吗？

（2）抑或是还需要其他因素——某些非物质因素，比如笛卡尔认为的人类智力——来解释呢？

思维与大脑

1. 我们已经接触到两种关于人类思维或者说智力与大脑之间的关系的极端观点。

a. 一种极端观点是唯物主义观点：不仅否认非物质事物、能量或活动的现实存在，还否认其可能性。

（1）根据这种唯物主义观点，大脑的活动和运作过程，为包括人类的概念性思维和动物的感知性思维在内的一切脑力劳动，提供了必要且充分的条件。

（2）这一观点被称为“同一性假设”。“同一性”一词表明，思维与大脑的存在是不可分割的。“假设”一词则承认了这是一种未经证实的——而且我认为也是无法证实的——假设。

（3）“同一性假设”具有两种形式，其中的一种形式比另一种更为极端。

（a）更为极端的形式被称为“还原论[④]唯物主义”。它声称思维活动与大脑活动之间甚至不存在值得分析的区别。

---

④ 还原论，一种哲学思想，与整体论相对，其主张可概括为：复杂的系统、事物、现象可以被化解为各部分之组合来加以理解和描述。（译者注）

（b）另一种是不那么极端的形式，这种形式在我看来更符合无可争辩的事实，它承认，任何对大脑运作过程的描述，在分析层面上，总是不同于对思维运作过程的描述。这一点既适用于动物的感知性思维，也适用于人类的概念性思维。尽管承认大脑运作过程与思维运作过程之间存在分析层面上的差异，但这种不那么极端的唯物主义观点却坚持认为，思维与大脑的存在不可分割，因此，脑部活动应该能够解释所有思维活动，无论是概念性的还是感知性的。

（4）基于这个假设，也就是不那么极端的、站得住脚的形式，神经生理学应该能够成功地解释人类智能和动物智能的所有方面，就连人类思想最深奥的部分也不例外。

b. 持另一种极端观点的是唯心主义者，他们认为大脑的运作过程现在或将来都无法解释人类的思想。

（1）根据这种观点，脑部活动既不是思想的必要条件，也不是其充分条件。

（2）这种唯心主义观点，在贝克莱主教⑤的哲学中

⑤ 贝克莱主教，原名乔治·贝克莱（George Berkeley），18世纪的哲学家、近代经验主义的代表人物之一，开创了主观唯心主义。（译者注）

表现得最为极端，他否认物质的存在，而且据此认为人类是纯粹的精神性生物，具有和天使一样的灵魂。

（3）极端的唯心主义与极端的唯物主义一样，都与无可争辩的事实背道而驰。因此，我们应毫不犹豫地摒弃这两种极端立场。

（4）正如我们之前就已经注意到的那样，不那么极端的唯心主义形式就是柏拉图和笛卡尔的观点。他们认为，理性灵魂或人类智力是天使的化身，不知何故被囚禁在人体中。也就是说，有一种纯粹的精神物质栖居在人体中，但其基本活动，即理性思考并不需要人体躯壳的辅助。

（5）仅凭一个事实——而且只需一个否定的事实——就足以让柏拉图和笛卡尔的观点变得疑点重重。正如我指出的，天使从不入眠，其思维始终保持活跃。而人类既会入睡也会醒来，其思维有时会处于休眠状态。我们睡觉时可能会时不时地做梦，但不会时刻都在思考。按照笛卡尔和柏拉图关于智力与人体和大脑的关联的观点，这一事实无法得到解释。

2. 上述两种极端观点各有多种表现形式，其中只有一种观点深得我心，因为它符合我们知道的全部事实。

它与我们所知道的一切，包括我们对人类思维本质以及物质及其物理属性的局限性的认识都完全吻合。

a. 这个折中观点是温和的唯物主义与同样温和的唯心主义相结合的产物。

b. 说它拥有温和的唯物主义的一面，是因为它接受不太极端的同一性假设所秉持的两个原则。

（1）第一个原则是大脑和思维的运作过程在分析层面上是可区分的，对其中一者的描述永远不能替代对另一者的描述。

（2）该观点还坚持认为，大脑的运作至少是思维运作过程发生的一个必要条件——这是极端唯心主义所否认的。

c. 我支持的这个折中观点，在一定程度上也是唯物主义的观点，因为它承认人类和其他动物的感知性思维的各个方面（所有感官的感知、想象和记忆行为，以及情感、激情和欲望）都可以，或终有一天能够完全用神经生理学术语来解释。在人类和其他动物共有的任何行为或思维活动中，不存在非物质或精神的因素。

d. 这个折中观点也有唯心主义的一面，而且是非常温和的唯心主义，其观点可以概括为：人类思维（即其独有的概念性思维）现在不可能，未来也永远不可能用脑部活动的一套说法来解释。同样，人类意志的自由——即人类特有的选择的自由——也永远无法用物理上的因果关系或物质粒子运动来解释。

（1）换句话说，如果没有感知、想象和记忆等活动，概念性思维就无法产生，而所有这些活动都依赖于感觉器官和大脑。

（2）心理疾病以及精神残疾、各类失语症、老年痴呆等，都清楚地表明了大脑在思维活动中发挥的作用。但这是有限的作用。

e. 或许，对这个折中观点最为精准的表述可以概括如下：

（1）我们用眼睛和大脑的视觉皮层来看东西。我们用耳朵和大脑的听觉皮层来听声音。

（2）但我们用什么器官来进行思考呢？负责概念性思维的器官是什么？折中观点给出的答案是：不是大脑。我们并非用大脑进行概念性思考，尽管没有大脑我们无法进行概念性思考。

（3）简而言之，大脑是概念性思维的一个必要条件，而非充分条件。在这一关键问题上，折中观点与唯心主义的非极端观点，或者说非同一性假设（即柏拉图和笛卡尔的观点）有所不同。

（4）这意味着，有一种非物质的因素或力量（即人类的智力和意志）与人体共同发挥作用，从而产生了概念性思维和自由的选择。

（5）如果正如我认为的，这一观点是真实的，那就意味着人类与其他动物之间，更不用说和机器之间，存在着一种根本性的而非表面的种类差异。

（6）这也意味着，人类位于有形的生物领域与精神存在领域（包括天使和上帝，不论它们仅仅被视为可能的存在，还是被确信为真实的存在）之间的边界线上。

（7）但处于这一中间位置的人类，并不像柏拉图和笛卡尔想要我们认为的那样，两脚各踩一端，骑坐在物质领域和精神领域的分界线上。人类主要生活在物质世界里，但凭借其非物质的智力的力量，他能够触及精神领域。

总结性思考

1. 请允许我做最后的几点总结。我能相对确定的只有如下两点：

a. 第一点是，不承认大脑对人类思维具有不可或缺的作用，是一种必须摒弃的“天使主义谬误”。

b. 第二点是，唯物主义否认精神物质和非物质力量（如人类智力）存在的可能性，这一观点同样也必须被摒弃。

2. 尽管不那么确信，但根据我所知的一切，我相信大脑活动本身并不能、也不足以解释概念性思维的成因，因为这类思维的根本特征超越了所有的物质条件。人类的思维能够触及那些完全不可感知、无法想象的思维对象，这一点就是最有力的证明。

3. 那么我们由此能得出什么结论呢？依我所见，可以得出如下两个结论：

a. 关于动物行为、动物智力和动物心理的方方面面——所有这些达不到概念性思维的内容——都可以用我们掌握的关于大脑和神经系统的知识来解释，或者说总有一天会得到令人满意的解释。

b. 这样的知识现在可以帮助，未来更可以帮助解释人类的思维活动，但关于概念性思维和选择自由，神经生理学可能永远无法提供一个完全令人满意的解释。

备注

在演讲后的讨论环节中，听众提出的问题让我将演讲的要点归纳为以下两个假设性命题：

1. 如果人类比动物高级，仅仅是因为人类的大脑比动物的大脑更大且更复杂，那么计算机总有一天会超越人类。

2. 如果人类能做到动物完全无法做到的事情，仅仅是因为人类的智力是非物质的存在，那么计算机将永远无法去从事那些从根本上区别人类与其他动物的事情。

有一个形而上的论据，支持上述第二个假设性命题的条件从句。既然不太可能说服那些认同第一个假设性命题的条件从句的唯物主义者，那么这里所争议的焦点可以通过以下方式来进行经验验证：

让计算机技术专家尝试制造一台完全能够和人类一模一样进行对话的计算机。每当他们的尝试以失败告终，就愈发能够证明认为这种尝试不可能成功的形而上论据是合理的。如果他们的尝试真的成功了，那么这终将成为反驳这一形而上论据的力证。未来自会揭晓哪个观点是正确的。

附录 II 阿斯彭行政研讨会的十二天

（1972 年 8 月在阿斯彭人文研究所发表的演讲）*

阿斯彭行政研讨会的最终目标，是帮助参会者更好地理解“民主”和“资本主义”，它们是我们当下生活的这个社会具有的两大特征；同时帮助更好地理解它们的对立面——“极权主义”和“共产主义”，以便我们能够明智且批判性地去面对我们在当今世界所遭遇的两极分化。

为此，研讨会的阅读材料是围绕“平等”“自由”“正义”“财产”这四个基本观念展开的，这些观念对我们理解民主和资本主义及其对立面，以及这一对立所产生的问题是不可或缺的。

这一系列讨论的目的，是更清楚地掌握这四个观念本身的内涵、它们彼此之间的关系，以及它们对各种议题（比如政府的本质、宪政与专制政府的区别、经济与政治民主的关系、自由企业、权力下放等）产生的影响。

---

* 本讲稿原本是用和哈维·库欣纪念演讲提纲（见附录I）一样的形式写的，但为了方便阿斯彭研究所发表，我将其改写成常见的散文格式。

为实现上述目标，阅读材料按照如下方式组织：除少数情况外，每天的阅读材料中总有相互冲突的观点。这样一来，参与讨论者就需要按要求明确指出作者们共同关注的问题，并就这些问题阐明自己的立场，同时给出自己采取某种立场的理由。随着讨论连续进行了十二场，阅读的内容如扇形般展开，它们围绕四个不变的核心理念层层递进、逐渐拓宽。每天的探讨都以前一日的内容为基础，理解得越多，参与者也就越能触达更深层次的理解。

当然，我在本场演讲中想要做的事不太现实。借助多年来我在每次讨论结束后整理的笔记，我希望能按顺序向你们汇报这十二场讨论的实际内容。我每天都会向参与者们汇报前一天讨论的摘要，这大约需要二十分钟。如果将这十二天的汇报串联起来，则大约需要三个半小时。这样做恐怕行不通。

作为替代，我打算退而求其次。我将顺着这十二次讨论中的其中一条脉络进行讲述。如此一来，我就无法详细探讨所有的阅读材料*。我希望你们记住，今晚我所

* 在大多数情况下，指定的阅读材料是从每天引用的书籍中节选出来的片段，而非整本书的内容。

讲的内容，只能是阿斯彭阅读材料以及相关讨论收获的很小一部分。

最后再做一点预先说明，然后我就可以正式开始了。当我说到“可以学习到的东西”时，我向大家报告的势必是我自己作为读者和小组成员，参与阿斯彭研讨会所学到的东西。我想，我可以大胆地说，而且丝毫没有言过其实的意思，我观察到小组中的其他成员都以各自的方式学到了同样的东西。

阿斯彭研讨会的十二天

第一个周一

《人民协议》，1647年
《独立宣言》，1776年
本杰明·富兰克林，《论立法部门》，1789年
《纽约州制宪会议上的辩论》，1821年

我们的时代并非始于1776年的《独立宣言》，而是始于比它早百余年的克伦威尔军队内部的一场辩论。这场辩论的双方，一方是主张政治平等的平等派成员，另一方则是有钱有势的人，比如克伦威尔勋爵本人及其女婿艾尔顿上校。

双方争论不休的是一个之前从未被提及的问题，那就是：究竟谁是人民？当我们说“我们人民”或“人民至上”或“权力属于人民”时，我们指的是谁？这个问题更准确的表述是：是否应当将拥有巨额财产作为获得选举资格的前提，从而将投票权限制在有产者手中；还是说，即便人们贫富有别、经济地位不平等，也应让所有人都能在国家事务中发声，实现政治上的平等？

借用希腊政治思想和实践中的术语，我们可以说，这个问题是寡头派和民主派之间的冲突，前者希望将选举权限制在有产者手中，而后者希望将选举权的范围扩大至无产者。尽管这一冲突曾在古希腊城邦国家出现过，但在那时，这一问题始终只是少数人与多数人之间的对立；而克伦威尔军队中的平等派所阐释的原则，提出的并非多数人的权利问题，而是所有人的权利问题。

此外，平等派将政治平等与政治自由联系起来，首次引入了“被统治者的同意权”这一概念。我们来听听约翰·威尔德曼爵士说的话吧：

在英格兰，每个人都与最显赫之人一样，拥有选举代表的明确权利。我认为，这是政府不可否认的准绳，即所有政府统治都应该建立在人民自愿同意的前提下。

既然［如此］，那么除非一个人自愿接受政府管辖，否则，就不会有人能受到政府的公正的统治，也无法公正地拥有自己的利益。除非他自己认同，否则他也就不可能按自己的意愿做事，因此，根据这一原则，英格兰的每一个人都［应当拥有选举权］。如果像那位先生说的，［这一切］都是事实的话，那么，基于［任何人都必须恪守的］严苛的司法，所有的法律皆应由人们认可的人来制定。因此，如果要更快地明确问题所在，我谨提议将我们所要讨论的问题表述如下：如果一个人没有授权他人为其制定法律，那么，他还能受到法律公正的约束吗？

在这个问题上，支持和反对的论点是什么呢？以威尔德曼和雷恩伯勒少校为代表的平等派的立场如下：

他们诉诸自然权利。每个人都享有一种自然的、与生俱来的权利——以自由人的身份被统治，也就是要获得他的同意，并通过有效选举参与政府治理。即使在经济上不平等，所有人在政治上也应该是平等的，因为人人生而平等，每个人都享有平等的自由权，这也赋予了他们政治上的平等。

以克伦威尔和艾尔顿上校为代表的寡头派的反驳如下：政治自由只属于那些经济足够独立、不必屈从于他人意志的人。只有有产者才拥有这样的经济独立性。只有那些持有土地或商业利益的人，才对王国的事务怀有永久不变的兴趣，他们才应该在国家事务中拥有发言权。穷人从小就在外劳作，没接受过什么教育，也很少有闲暇关注政治。因此，他们不具备行使选举权所需的先决能力。

此外，寡头派也明确表示，他们意识到了，平等派要赋予穷人与富人同等的政治权利，这一主张对现有秩序所构成的威胁。克伦威尔再三强调，诉诸自然权利会导致无政府状态，人们会呼吁推翻已确立的合法权利和种种特权。更为可怕的是，这会对财产本身构成威胁；因为，正如艾尔顿和克伦威尔所指出的，当穷人（多数人）拥有与富人（少数人）同等的政治权利时，他们有什么理由不投票支持那些倾向于通过劫富济贫来实现财富平等的措施呢？

对于这两项指控，尤其是第二项，平等派并没有给出令人满意的答复，虽然他们试图向富人保证他们不用担惊受怕。

大约200年后，在1821年，在纽约州制宪会议上上演了类似的辩论。在那次辩论中，肯特大法官代表纽约州北部的土地贵族发言，他明显对大量涌入纽约市的移民及未受教育的贫困人口感到担忧，并指出普选权一旦实施，便永远无法收回。他的原话如下：

普选权一旦授予，便是永久授予，绝无收回的可能。民主之路没有回头路。

他反对普选权的理由如下：

将普选权应用于整个立法部门的潜在危险绝非空穴来风。这一举措会对人类的道德体系造成难以承受的冲击。普选权最终将危及财产权和自由原则。

他的反对者，如同克伦威尔和艾尔顿的反对者一样，试图向他保证，他们要求的政治平等并不会危及财产以及其他已确立的合法权利和种种特权。（这里需要再次提醒的是，他们在主张普选权时所说的“所有人”，显然指的是所有白人男性，而非黑人或女性。）

在这两次辩论的探讨之间，第一个周一的选读材料中还推荐了本杰明·富兰克林的一篇雄文，他在文中争辩道，决不能允许少数的富人凌驾于多数的穷人之上，因为拥有财富并不意味着拥有特别的政治智慧。在辩论中，富兰克林就财产权问题发表了迄今为止最为激进的言论，这不仅是对他所处的时代而言，对任何时代而言都是如此。我引用一段原文：

> 因此，私有财产是全社会的产物，每当社会需要时，都必须随时听从召唤，哪怕是倾囊而助；私有财产帮助解决民众危机，这不应被视为对公众的恩赐，从而赋予贡献者荣誉和权力，而应该把此举视作是回馈先前所受的恩惠，或是偿还理所应当的债务。

第一个周一的第四篇阅读材料是《独立宣言》，我希望你们都能熟记于心，至少把文章第二段的前二十行记住。这篇文章看似没有提及民主派与寡头派之间的冲突。然而，我们不得不追问，“人人生而平等”“人人都拥有某些不可剥夺的权利”“其中包括自由权”，以及“自由政府和政治自由包含被统治者的同意权”等表述，背后隐含着什么深意？当我们讨论《独立宣言》时，往往会对其意义有不同的解读，因为克伦威尔军队中的辩论、纽约州制宪会议上的辩论以及富兰克林关于代表权和财产权的雄文对此都有阐述。

如果我就此打住，仅仅就首个周一的讨论材料做个总结，你还能轻易找出 1972 年秋天阿斯彭论坛上这些阅读材料之间的关联吗？当年的总统候选人在竞选时都参与讨论了这些问题。首个周一的阅读材料已经引入了所有基本概念——平等、自由、财产和正义，这些概念都和权力的观念有关。但当我们继续学习周二和周三的内容时，你们会发现，还需要阅读和讨论许多内容，才能更清晰地理解这些基本概念，并更好地把握与之相关的众多问题。

第一个周二（第二场讨论）

R.H. 托尼：《论平等》，1929年
亨利·乔治：《进步与贫穷》，1879年
威廉·格雷厄姆·萨姆纳：《事实的挑战》，1890年
约翰·C. 卡尔霍恩：《论宪政政府》，1831年

我们的讨论从托尼开始，尽管他在时间线上是最晚出现的，因为他的书中讨论平等的那一章节有助于我们做出以下区分，这对我们厘清关于平等的议题是至关重要的。一方面，是个人之间的平等与不平等，即个人与个人之间在天赋和成就方面的平等或不平等。另一方面，是条件上的平等与不平等，即我们生活在其中的外部环境，如社会、政治和经济地位或机会的平等与不平等。

托尼和亨利·乔治还让我们认识到，周二我们所读的作者的分歧点与周一所读的作者的分歧点并不相同。昨天的问题是：是否应该通过赋予穷人选举权，使那些在经济上不平等的人（富人与穷人、有产者与无产者）获得政治上的平等？然而在今天，在克伦威尔军队就这一问题展开辩论的两百多年后，托尼和乔治生活在一个选举权人群已大幅扩大（尽管尚未完全普及）的社会中，他们提出了一个不同的问题，并引出了一个不同的话题。

他们的问题是：既然选举权已经扩大至劳动阶层，而他们依然是贫穷的大多数，我们是否应该做些什么，让那些在政治上（至少在投票权上）平等的人，在经济上也获得平等地位？为了使穷人的选举权在政治上切实有效，而非一句空话，我们是否应该缩小富人与穷人之间的经济实力差距呢？

换言之，关键在于：如果没有经济民主与平等作为辅助，政治民主或政治平等能否真正奏效？（克伦威尔、艾尔顿和肯特大法官担心，穷人获得选举权可能会侵害财产权，这并非毫无根据。）

托尼和乔治认为，推动经济平等对于有效实现政治民主不可或缺。听听亨利·乔治是怎么说的：

在财富得以平等分配的地方，政府越民主越好；但在财富分配严重不均的地方，政府越民主越糟。虽然腐朽的民主本身未必比腐朽的专制更糟糕，但它会对国民性造成更严重的破坏。将政治权力交给因贫困而心怀怨恨、甘愿堕落的人，就像将火把绑在狐狸身上，任凭其在玉米地中乱跑；就像是挖去了大力士的双眼，又把他的双臂缠绕在国民生活的支柱上。

针对上述观点，约翰·卡尔霍恩和威廉·格雷厄姆·萨姆纳反驳道，创造条件的平等——特别是在经济领域——无异于扼杀个人自由。若没有中央政府对经济的掌控，便无法实现经济条件的平等，而这势必削弱乃至剥夺企业的自由。萨姆纳和卡尔霍恩都认为，自由和平等很难调和。听听卡尔霍恩怎么说：

还有一种同样严重且危险的错误观点，通常与刚才提到的那种观点有关联。我指的是这样一种观点：认为自由和平等紧密相连，没有绝对的平等就不可能有完美的自由。

诚然，在一定程度上，自由和平等确实相互关联，而且公民在法律面前的平等，对实现民主政府统治下的自由至关重要，大家对此没有异议。但是，如果进一步将条件的平等视为自由的重要条件，那么就会同时摧毁自由和进步。原因在于，虽然条件的不平等是自由导致的必然结果，但与此同时它对实现进步不可或缺。

我们面临着这样一场正面冲突：冲突的一方主张追求平等的自由，另一方则主张追求不平等的自由——这里的平等与不平等均指经济层面。这个问题能否得到解决？是否还有曲线救国之道？

要解决这个问题，我们首先需要更好地理解“经济平等”的含义。正是在这个最为棘手的问题上，托尼为我们的讨论提供了极大的帮助。他指出，经济平等只有两种可能的含义，一种是金钱上的平等，即拥有同等的财产、财富或银行存款，归根结底，这是一种以数量衡量的平等；另一种经济平等的含义是每个人都拥有过上体面生活所需的一切，即使有些人拥有的远超所需，而另一些人拥有的刚好满足所需。这显然是质量上的经济平等，与数量上的经济平等相对。

仔细研读托尼的论述，我们会发现，他认为试图建立数量上的经济平等完全是空想，经济平等的理想，或者说经济上无阶级社会的理想，只能在质量层面上实现。

即每个人都应拥有过上美好生活所需的一切，尽管有些人拥有的会更多。如你所想，这引发了和人类需求有关的诸多质问，以及经济平等在何种意义上能够实现的巨大争议。

然而，我们的讨论进入第二天和之后的日子，经济平等的问题依然每天都伴随着我们。这一问题涉及两个要点。其一：如果部分民众在教育、医疗保健、空闲时间和娱乐等经济资源方面的需求得不到满足，那么政治民主能否有效运行？其二：如果部分民众拥有的财富远超其所需，这种过剩的财富赋予了他们不正当的政治权力和影响力，那么政治民主能否有效运行？

第一个周三（第三场讨论）

阿历克西·德·托克维尔：《论美国的民主》，1835年

西奥多·罗斯福：《新国家主义》，1910年

《进步党纲领》，1912年

第二天的讨论结束后，又进入了第三天的讨论，我们发现，西奥多·罗斯福在 1910 年提出的观点，与亨利·乔治于 1879 年所说的内容不谋而合，这也是二十年后托尼在英国要表达的观点——贫困，或者说贫富差距，使得穷人无法在公共事务中发挥自己的影响力，即便他们已经获得了选举权和与富人同等的政治权利。来听听西奥多·罗斯福于1910年发表的言论：

> 除非一个人的工资足以维持其基本生活，并且劳动时间足够短，让他在完成一天的工作后仍有时间和精力去参与社区管理、分担社会责任，否则他无法成为一个好公民。而我们提供的生活条件使得无数人无法成为好公民。

然而，要解决我们面临的这个难题绝非易事，托克维尔的阅读材料也逐渐让我们明白了这一点。事实上，当我们慢慢领悟托克维尔关于民主的核心洞见时，我们也逐渐意识到，我们所面临的问题有多么可怕，而且无法避免。

我们的讨论从第二天的托尼过渡到了第三天的托克维尔，仿佛跨越了一座桥梁。当我们明白托尼所追求的是一个真正没有阶级的社会，在这个社会中，不论出身背景、财产多寡、职业差异，或其他可能存在的将人们划入对立的社会或经济阶层的情况，所有人都被平等对待，我们对托尼捍卫平等理想的意图也就有了最深刻的理解。尽管托克维尔没有使用“无阶级的社会”这个表述，但我们不难看出，他心目中的民主社会是一个实现了普遍条件平等的社会——这种平等涵盖社会、经济和政治条件，这样的社会是一个真正的无阶级社会。

理解了这一点，我们也就能理解托克维尔的话了，他说他于1835年在美国目睹的刚进入萌芽阶段的民主制度或者说条件平等，是天命所归，注定会传播扩散，最终席卷全球，彻底取代古老的贵族统治、不平等和特权。托克维尔预言了民主制度将在人类事务中占主导地位，但与此同时，他也有不祥的预感，担心民主的胜利可能伴随着自由的消亡。简而言之，他赞同卡尔霍恩的观点，即个人自由与条件平等是无法调和的。在他关于自由与平等的最具有说服力的一段论述中，他写道：

> 我认为，民主社会的人们生性热爱自由，如果任凭他们选择，他们会追求自由、珍视自由，并为没有自由感到遗憾。然而对于平等，他们的热情更是如火如荼、难以满足、绵延不绝，且势不可挡；他们在自由中呼唤平等，如果无法获得平等，他们宁愿沦为奴隶，也依然会呼唤平等。他们可以忍受贫穷、奴役与野蛮，但绝不会容忍贵族阶级的存在。

托克维尔预感到，最充分体现民主的条件平等，尤其是经济条件的平等，可能会导致专制统治，他用一段话表达了他的担忧，我们初读这段话时会有些困惑，具体引用如下：

因此，我认为民主国家面临的压迫形式与世界上以往的任何压迫形式都截然不同。我们这代人的记忆中没有它的原型。我苦苦寻觅一个能准确表达我全部想法的词汇，但徒劳无功，“专制统治”和“暴政”这两个旧词都不适用。这种压迫形式本身是新事物，既然我无法命名，便必须尝试去定义它。

这是什么新奇且可怕的专制与暴政形式，托克维尔竟难以命名？在讨论这一点时，各种猜测层出不穷，我们最终领会到，托克维尔所寻找的那个名称，一直没有一个人们普遍接受的标签，直到近百年后才终于出现。那便是极权主义。随后，我们从托克维尔写的其他段落（这里我没有时间一一引用）中开始理解到，他所预见的正是极权主义民主的崛起，尽管这个词听起来可能自相矛盾。

带着这一见解，我们继续探讨托克维尔的思想。首先，我们要理解为何条件的平等，尤其是经济条件的平等，会导致极权国家的出现，在这种国家中，中央政府完全掌控个人生活；其次，我们要探寻托克维尔是否有办法解决这个问题，即是否能防止民主变质。

关于第一点，托克维尔的阐述让我们明白，为了获得并保持条件上的平等，民众会将越来越多的权力让渡给中央政府，而当中央政府完全垄断政治和经济权力时，它就容易变成独裁政府。关于第二点，托克维尔确实向我们提出了解决之道。我真希望有时间引用我们在研讨会上深入思考和剖析的那些精彩段落，但在此我只能简要概括一下。

在旧有制度下，国王的权力受到不同等级和地位的贵族权力的制约。托克维尔指出，国王的权力并不能为所欲为，全部施加在人民身上，因为其渗透力被托克维尔所称的地方以及次级政府机构（具体体现为公爵、伯爵和男爵）的权力所削弱。这种情况一直延续着，直至路易十四削弱了贵族阶层的权力，自己成了法国的独裁者。由此类推，托克维尔认为，在条件平等的情况下，民主制度仍然可以通过赋予政府的次级机构相应的制衡力量来维护个人自由，这些次级机构都不是中央政府设立的，而是以各式各样的私人协会或公司的形式存在。为了使这一机制发挥作用，必须保留和保护私有财产制度。因为如果没有这一制度作为基础，私人公司或协会就无法有效地与中央政府抗衡，防止中央政府膨胀成为一个庞然大物、把国家变成一个极权主义怪兽。

讨论进入第三天，我们再次面临一个关于自由和平等的关键问题，这个问题也涉及财产和正义。一方面，我们学习了西奥多·罗斯福的“新国家主义”演讲，他在演讲中呼吁公平交易，要求提升中央政府的权力以制衡私人公司的权力，以此最大限度地实现所有人的自由和平等。另一方面，托克维尔又警告我们，这个方案可能会导致截然相反的结果，他还警告称，为了在促进经济和政治平等的同时维护个人自由，我们必须削弱或制约中央政府的权力，而要实现这一点，就要保留私人公司和协会作为政府次级机构的权力。

第一个周四、周五和周六以及第二个周一（第四至第七场讨论）

如果我要以同样详尽的方式来总结这几天在阅读和讨论中学到的内容，那么这个讲座将会冗长得让人难以忍受，或者至少会让人听得筋疲力尽。即便如此，我还是得告诉你们，我对前三天的内容所做的总结并不足以全面反映我们在讨论中遇到的所有要点。我给大家读的只是研讨会参与者标记并试图解读和辩论的一小部分段落。为了紧跟本次讲座既定的讨论主线，我必须直接进入第八场讨论会的内容——也就是第二个星期二的阅读材料。

尽管我急于快速进入正题，但我无法直接跳过这四天的讨论，对我们讨论的阅读材料、主题或问题一律避而不提。

第一个周四（第四场讨论）

亚里士多德：《政治学》第一卷（公元前4世纪）
卢梭：《社会契约论》第一卷（18世纪）

这一天，我们探讨了关于公民社会、政治共同体或国家及其政府的起源和本质的基本问题，其中包括政府如何与自由相互兼容、政府在何种条件下合法、专制政府与宪政政府有何区别，以及专制统治下的臣民与共和国的公民有何不同。

在讨论这些问题的过程中，另一个关于平等的基本问题冒了出来，即人到底是不是生来平等的。亚里士多德认为，有些人天生注定成为公民，行使政治自由，而另一些人则天生注定成为奴隶，服务于他们的主人；卢梭的观点则完全相反，他认为所有人天生都注定要过上自由的生活，而且使人成为奴隶的原因不是天性，而是后天教养或生存环境。

有一点我在此必须提一下，在我主持的每场研讨会上，总有一些参与者，人数通常还不少，最终发现自己更赞同亚里士多德而非卢梭的观点。对此，大家自行评判吧！

第一个周五（第五场讨论）

柏拉图：《理想国》第一、二卷，以及修昔底德的《伯罗奔尼撒战争史》中的“米洛斯对话（the Melian Dialogue）”，与

第一个周六（第六场讨论）

马基雅维利：《君主论》

我把这两天的讨论内容放在一起讲，是因为这些阅读材料都引导我们去探讨公正的本质，以及公正与利己的关系这两个重要问题。

第一个问题相对较为简单。柏拉图的一句话就能帮助我们解答——这句话的意思是，正义是给予每个人应得的东西，即他有权得到的东西。如果说这句话不是正义的完整答案，或者说会进一步引出什么叫应得或什么叫有权得到的问题，那么它至少对何为正义做出了初步解答。

第二个问题总是让人困惑不解，因为柏拉图虽然强有力地提出了这个问题，但我们阅读的材料中却没有出现任何答案的线索。这个问题是：我为什么要对人公正？这对我有什么好处？对他人公正会让自己更幸福吗？总之，公正对自己有利吗？

柏拉图就这样提出了这个问题，但读完马基雅维利关于君主做一个贤明统治者的利弊分析时，我们感到更加困惑不解了。如果所有人或大多数人都本性恶劣，那么做一位秉持公正的统治者是否有利？大多数人是否真的本性恶劣，或者只是大多数时候表现得恶劣？如果是这样，那么怎样与他们打交道才是有利的呢？如果不是这样，那么公正最终是否还会对人有利呢？

第二个周一（第七场讨论）

索福克勒斯：《安提戈涅》（公元前5世纪）

梅尔维尔：《比利·巴德》（19世纪）

马丁·路德·金：《伯明翰狱中来信》（20世纪）

我无法概述这些阅读材料引发的关于悲剧的复杂而精彩的讨论。在此，我只想指出一点：当我们理解了悲剧的本质在于不得不在两个同样邪恶的选择间做出取舍，陷入进退两难的局面，马丁·路德·金的《伯明翰狱中来信》让我们看到了当今美国在冲突中所面临的悲剧性抉择，即在公正与利己的冲突中如何对待黑人公民。

我快速过了一遍这四天的内容，它们都有助于我们理解 20 世纪民主与资本主义的问题，其中的道理我就不在此赘述了。言归正传，接下来我将讲述剩下五天的内容，在这五天里，我们探讨了自由与法律和政府之间的关系，以及财富的生产与分配和财产所有权等基本问题。关于自由的问题将在第二个周二讨论。

第二个周二（第八场讨论）

约翰·洛克：《政府论（下篇）》，1689年

乔纳森·鲍彻：《论公民自由》，1775年

约翰·斯图亚特·密尔：《论自由》，1863年

在讨论上述三部著作时，我们主要围绕两个问题：第一，在我们阅读的内容中，自由的概念是只有一种，还是有好几种；第二，如果有好几种，那么在理解自由与法律和政府的关系时，这些概念有何差异。对这些问题的深入探讨也帮助我们回顾了之前遇到的自由与平等的关系问题，以及我们一直在思考的不同政府的区分问题。或许，想要以最快的速度总结这些阅读和讨论带来的收获，就要抓住这三位作者观点中的核心和关键。

先来说说乔纳森·鲍彻，他是美洲殖民地的一位保皇派传教士，试图说服其会众不要反抗国王和议会。他对政府的看法是，国王具有上帝赋予的无上权力，代表上帝来治理人世间。他读过约翰·洛克的《政府论（下篇）》，但完全不接受作者的一堆说法，什么政府统治下的自由源于被统治者的许可，什么不可剥夺的天赋人权包括提出异议，甚至造反的权利。在鲍彻看来，自由不是随心所欲地行事，而是做你应该做的事。既然法律——无论是上帝的法律还是国王的法律——规定了人们应该做什么、不应该做什么，那么自由就是按照法律行事。法律和自由的范畴——法律规范的行为和体现自由的行为——是不谋而合的。除此之外的都是放纵，也就是说，随心所欲地行事并非自由，而是放纵。

鲍彻代表了一种极端观点，而当我们仔细研读文本时，很快发现，19 世纪自由主义的伟大代言人约翰·斯图亚特·密尔走向了另一个极端。根据密尔的观点，自由就是随心所欲地行事，只要我们这样做不危害他人或社会。既然法律旨在禁止有害行为，即对社会或其成员有害的行为,那么遵纪守法的个人实际上行动并不自由。同样，违法犯罪分子也不自由，因为犯罪行为是放纵，而非自由。鲍彻认为法律和自由的领域完美重合，而密尔则认为它们彼此完全排斥。密尔的一段话让我们印象最为深刻，他认为，法律的范围越大，自由的范围就越小，反之亦然；同时，法律和政府管控的事务越多，我们的自由就越少。因此，作为希望人类自由最大化的人，密尔呼吁尽可能地减少政府干预——只需满足个体或私人团体无法自行解决的需求即可。（在讨论密尔时，我们一定会注意到，一个 19 世纪的自由主义者和 20 世纪的戈德华特保守派的主张十分相似。）

我们在讨论中明确了这两个极端观点，现在就要在它们之间找到折中地带。这就是约翰·洛克的观点。我们发现他的立场很明确，认为自由有三种不同的形式。

首先，是政治自由，即公民自由。公民只有在同意的情况下才受统治，并能通过行使选举权在自己的政府治理中有发言权。（我们记得，在亚里士多德讲到立宪政府就是自由和平等者的政府时，他首先构想的就是这种自由。每个公民在自己的政府里享有主权和话语权。）

其次，是法律之下的自由。洛克认为，当一个人遵守他所认同的政府制定的法律，并通过投票在该法律的制定过程中行使了话语权，他便是自由的。（我们注意到，这种法律之下的自由概念与鲍彻的观点大相径庭。在鲍彻看来，臣民服从至高无上的君主的法令就是自由人的行为；但洛克不这样看，他认为公民只有先同意并拥有投票权，依法行事时才是自由的。）

最后，是在法律未提及的所有事务上依照自己的意愿行事的自由，或者如洛克所言，“在法律未规定的所有事务上”的行事自由。

把所有这些区别摆到台面上来之后，几天来悬而未决的一些问题在讨论中开始被串联起来。总有人会问，当一个人要遵守违背自己意愿的法律时，怎么能说他是自由的呢？他反对制定那条法律，但那是大多数人制定的法律，而他属于受到不利影响的少数人。这样的人怎么可能是自由的呢？也总有人指出，如果他是不自由的，那么在宪政政府下，多数人的统治就不免要剥夺少数人的自由，这和君主专制下的臣民被剥夺自由一模一样。

现在这一差异开始变得清晰起来。君主专制下的臣民是在没有同意权和投票权的情况下被统治的。而共和国公民已经认同了宪法和政府架构，也同意了少数服从多数的原则，因此，共和国公民事先已经认同了符合宪法，并得到大多数人支持的法律的合法性。由此看来，每一条法律都是他自己制定的，即使他投票反对或希望这条法律不被通过。因此，受到不利影响的少数人和制定法律的多数人一样，都享有法律下的自由。

当然，这并不意味着多数人的统治不会出现暴政，或者少数人不会遭受这种暴政的压迫。但我们也逐渐意识到，面对多数人的暴政，唯一的治理措施就是美国人发明的司法审查制度。而面对专制主义暴政，唯一的解决办法就是反抗。

在结束对这些问题的讨论时，我忍不住要提一下，多年来在阿斯彭研讨会上形成的一个看法。我们的世纪见证了一场革命性的变迁，这场变迁就如同大陆的分界线或者说历史的分水岭。在这之前，社会、政治或经济上的不公正总是表现为少数人对多数人的剥削，即少数人通过暴政压迫多数人。而在我们这个世纪，在所有宪政民主国家中，这种情况第一次发生了彻底的逆转：如今，不公正往往表现为多数人的暴政，以及对个人或少数群体的压迫。

我们在此所能构想的未来前景，就是消除多数人和少数人之间的利益冲突，实现一个前所未有的、真正无阶级的社会，一个消除了所有阶级冲突的社会。由此得出的另一个启示是：当反抗的冲动只能号召少数人而不是多数人时，反抗暴政的行动就更加难成声势，也更加难以获得成功。

第二个周三（第九场讨论）

在这场讨论会上，我们回到了之前已经接触过的三位作者的作品——亚里士多德的《政治学》、卢梭的《社会契约论》和洛克的《政府论（下篇）》。但这次阅读的内容不再是讨论国家和政府，也不再是讨论自由与平等，而是涉及一个我们尚未深入探讨过的观念——有关财产的观念，以及与之相关的所有权问题和财富的生产与分配问题，也就是再次提及了经济公正与经济平等的观念。

为此次讨论奠定基础的是洛克《政府论（下篇）》的第五章——关于财产的一章。我们会发现，他的基本观点在卢梭的《社会契约论》第一卷第九章中得到了印证。另外，思考一下亚里士多德在《政治学》第一卷末尾几章关于获取以及追求财富的论述，也会给我们带来一些额外的见解。

洛克的基本观点是什么呢？首先，每个人天然拥有他自身的“财富”，也就是自己的身体、思维和所有的能力，这些都是与生俱来的。把一个人当作奴隶据为己有，就侵犯了这一天然的权利。其次，与天然的“财富”相对的是原本为全人类所共有的东西——地球及其所有资源。第三点，就是洛克提出的著名的“财产权劳动理论”。

当个人将自己的劳动力（脑力或体力）与公共资源相结合时，这种结合产生的产品就合法地属于他自己。换言之，一个人有权拥有自己的劳动所得。这个劳动所得就是合法财产。

研讨会的小组成员随即指出了洛克针对财产获取设置的两个限定条件。一是生产者不得占有超出他消耗能力或需求的物品，不得获取会被浪费或闲置的剩余物品。

二是个人不得占用过多的公共资源，导致他人无法通过劳动获取足够的资源。

至此，所讲的道理都站得住脚。上述观点听起来似乎都合乎逻辑，且无可挑剔。但当我们更深入、更仔细地研读这些阅读材料时，我们遇到了两个让我们茫然不解的疑难问题，同时也敲开了接下来几天必须进行的讨论的大门。

要想完全理解第一个难题，我们必须先彻底弄懂下面这段话：

> 如果一个人的生活依靠的是橡树下捡拾的橡果，或是从树林中采摘的苹果，那么这些果实无疑已经归他所有……很明显，这些果实能够归他所有是因为他是第一个采摘者，而不是因为其他理由。采集这一劳动行为将这些果实与公共资源区别开来，并给这些果实赋予了大自然（万物之母）没有赋予的属性，于是这些果实便成了个人的私有财产……因此，在我和其他人共享资源的任何地方，我的马啃过的草、我的仆人割下的草皮，以及我挖掘到的矿石，都成了我的财产，无需任何人的分配或同意。是我的劳动使这些资源摆脱了它们原本的共有属性，并归属于我的名下。

我挖掘的矿石是我自己的劳动所得。但我的马啃过的草，或是我的仆人割下的草皮呢？我们很快意识到，这里首次出现了资本和劳动这两个财富创造中相关联的因素。我的仆人是个雇工，是个挣工资的人。我的马可能是我捕获并驯化的，是我通过合法途径获得的资本。假设我自己现在不工作，而是让我的马（我的资本）和我的仆人（我雇佣的工人）去工作，那么，我是否还能名正言顺地宣称，这两个因素——一个是我拥有的马，另一个是我已经付了工资的工人——的劳动成果归我所有？这个问题的重要性不言而喻，我们意识到，最好等我们周四和周五读完和劳动相关的文章以及《共产党宣言》后再来讨论这个问题。

我们遭遇第二个难题是因为我们发现洛克说过，货币这种相对不易损坏的金属的出现，打破了他给获取财富设置的合理限定。既然货币不像食物、住所和衣物那样能满足人们的自然需求，货币就不应受制于限定禁令，也就是说人无需克制自己，可以获取超过自己所需的货币。而且，由于货币不像消耗品一样相对容易损坏，因此不会变质或被浪费。

洛克没有提出这个难题的解决办法，他显然觉得无法限制以货币或者说硬币的形式积累财富。然而，在这一点上，亚里士多德提出了他的观点，论述的也是有限或无限获得财富这个完全相同的问题。我们发现，亚里士多德区分了自然财富和人造财富，自然财富指的是消耗品，而人造财富就是货币，后者仅仅是一种交换媒介。

基于这种区分，道德学家亚里士多德不断提醒我们，我们的目标不仅仅是活着，而是过上美好的生活。因此，我们不应该无休止地积累财富，而应该只积累足够我们过上美好生活的财富。讨论到这里，也就引出了美德和幸福、个人欲望和自然需求的问题。这些伦理问题的重要性我们都很清楚，但在此又无法深入探讨。然而，在接下来几天中，我们要应对阅读材料中提出的更加纯粹的经济问题，而这些伦理问题就会在之后的研讨会议中挥之不去。

第二个周四（第十场讨论）

亚历山大·汉密尔顿：《关于制造业的报告》，1790年
《波士顿木匠罢工事件》，1825年
《费城技工工会序言》，1827年

本次研讨会上，我们讨论的重点是一份极为卓越的

文件——《费城技工工会序言》。这份序言是由美国工人在费城发表的，比马克思和恩格斯发表的《共产党宣言》早了约 20 年。在汇报我们阅读和讨论这份序言的心得之前，我必须先请大家关注一下我们从本次讨论的其他文件中了解到的几点内容。

汉密尔顿认为，相较于非工业的农业经济，工业或制造业经济具有更高的生产力，他的这个论点促使我们思考是何种因素能使一种经济比另一种经济的生产力更高。

我们来设想两种经济，其财富生产仅依赖于劳动力和工具。那么，拥有更多劳动力和工具的经济生产力将更高。现在，我们再设想两种经济，它们各自具备相同数量的人手和劳动力，但其中一个经济还配备了非人力或畜力驱动的生产机械。在此情况下，汉密尔顿认为，生产中使用机械的经济生产力显然更高，因为增加机器相当于增加了劳动力，或者说是增加了人手。

我们发现在此引入“劳动型”和“资本型”这两个词是很有帮助的，可以用它们来描述财富的生产方式，而无需考虑这些生产工具的归属权。如果某经济主要依靠人力创造财富，辅助的只有手工工具和家畜，那么该经济就是劳动型生产模式。如果某经济通过将人力、机械以及其他资本工具相结合的形式来创造财富，那么该经济就是资本型生产模式。

有了上述区分，我们可以看出，汉密尔顿要表达的是：在资本主义经济中，可以利用较少的劳动力生产更多财富，而且随着资本工具的生产力日益提高，生产同等数量的财富需要用到的人手将会越来越少。

记录1825年波士顿木匠罢工的文件呈现了三方的声明：熟练工——木匠，他们是拿工资的劳动者；木匠大师傅，今天我们可以称之为管理者；从事建筑业的绅士们，显然，他们是资本家，即生产资料的所有者。在这场非常早的劳工罢工事件中，劳工们的要求是提高工资和缩短工时。要求缩短工时，不仅是为了给自己争取更多的自由时间，也是为了给失业人员提供更多的就业机会。管理者和资本家对这些要求的回应是，提高工资是不可能的；缩短工时则对工人不利，会使工人变得无所事事，从而沾染恶习。这些管理者和资本家从未想过，他们自己就拥有大量空闲时间，而且如果工人接受了教育，他们也可以利用空余时间参加有意义的休闲活动，不会因为懒散或恶习而堕落。

几年后，费城的技工提出类似的要求——提高工资和缩短工时。他们特意指出，他们想要更多空余时间来从事各种休闲活动，这对他们过上美好生活是至关重要的。但这还不是《费城技工工会序言》中最引人注目、最令人不安的部分。顺便提一下，这篇序言的陈词和《独立宣言》一样慷慨激昂，内容丰富且精妙，值得细细研读。我们分析后发现，文章中的一些观点比《共产党宣言》早发表了二十年。

其中最显而易见的论点是：除非少数的资本家提升多数的劳动者的购买力，否则提高工业经济的生产力将导致生产过剩和消费不足，从而引发经济危机，这不利于资本家，也不利于工人。抛开一切正义问题不谈，费城技工向资本家指出，提高工资符合资本家的切身利益，因为劳动者购买力的提高，将使他们有能力购买更多商品——奢侈品和必需品，而这些商品正是资本家想要出售的。

这让人迅速联想到亨利·福特的举措，他提高底特律汽车工人的工资正是出于此目的。从某种意义上来说，它也预示了马克思的预言：如果资本家维持原有的策略，仅仅支付最低生活工资，那么他们将会种下毁灭资产阶级资本主义的种子，因为繁荣与萧条的交替循环周期最终将以大萧条告终。也就是说，整个资本主义制度最终会因为生产过剩和消费不足而崩溃。

通过细读文章，我们接着发现其中有两个矛盾之处，这为我们探讨《共产党宣言》奠定了基础。

矛盾一，一方面，技工们声称，劳动是财富的唯一来源、是生产财富的唯一要素，而资本家，即生产资料的所有者，并没有任何贡献。另一方面，技工们并没有要求全部劳动所得，即生产出来的全部财富，而仅仅要求他们应得的份额。如果资本家实际上不具备生产能力，且劳动是唯一的生产要素，那么资本就不应该获得任何回报，所有收益都该归劳动者所有。

矛盾二，我们发现，虽然技工们声称劳动是财富的唯一来源，以及唯一生产要素，但是他们在文章里却一再承认，社会生产力的提高应归功于现代科学技术带来的机器功率的提高。事实上，他们指出，这些强大的机器导致对劳动力的需求不断减少。这显然与技工们关于劳动是唯一生产力、是生产财富的唯一要素的说法不一致。

我刚才说过，这两个矛盾为我们讨论马克思的理论奠定了基础，因为它们直接关系到“劳动价值论”，以及资本家在财富生产中的作用这个核心议题。但在深入讨论这个议题之前，让我们先简要回顾一下，这两个矛盾与我们之前讨论过的洛克的“财产权劳动理论”有何关联，其理论与马克思的“劳动价值论”不同。

让我们重新设想一个情景：有人通过自己的劳动圈了一块地，接着又通过自己的劳动捕获了一匹野马并将其驯服。另一个人来到他圈下的这片土地上，并自愿与他立下契约，为他工作以换取报酬。那么，这个合法拥有土地和马匹，并雇佣别人在他的土地上和他的马一起劳动的人，即便他自己不再劳动，是否也对生产有贡献呢？

根据劳动价值论，劳动是财富生产的唯一要素，不劳动的资本家，即马匹、土地和雇员的主人，或者说劳动力的剥削者，不具备生产能力，因此不应获得任何回报。但如果与之相反的理论是正确的，认为有两个截然不同的生产要素——劳动和资本，那么即使资本家自己不劳动，只要他为生产投入了资本，就对生产做出了贡献。因此，资本家应该按照其投资比例，从生产的财富中获得一份合理的回报。当然，关于这一切还有很多值得深究的地方，但这要等谈及周五、周六最后两天的讨论时才能展开，现在我们就开始讲这两场讨论。

第二个周五（第十一场讨论）

马克思和恩格斯：《共产党宣言》，1848年
霍勒斯·曼：《全民免费公共教育的重要性》，1854年
查尔斯·H. 维尔：《社会主义运动》，1903年

我们发现，马克思和恩格斯在阐述劳动价值论时比费城技工更为严谨，并且毫不犹豫地根据这一前提推导出了唯一可能的结论，而没有自相矛盾。

一切财富皆由劳动创造，劳动者使用的资本工具本质上就是“凝固的劳动”；拥有资本工具却不劳动的主人，完全没有生产力，也没有做出任何贡献，因此没有资格参与财富分配。他利用资本获得的任何利润都是非劳动增值，代表对劳动的剥削，是一种盗窃行为。

只要细读几页《共产党宣言》，我们就不难发现上述总结性观点。再读几段，我们又可以发现如下观点：为了让劳动者独享其劳动创造的财富，必须废除资本私有制，将资本所有权交给社会，也就是被称为“国家”的集体组织；然后，国家将成为财富的唯一分配者，并像口号所说的那样，“各尽所能，按需分配”。

在马克思和恩格斯的论证中，依然有一个环节不够

清晰。我们不断追问，宣称资本工具就是“凝固的劳动”，因此不应私有，这个说法究竟意味着什么。美国早期社会主义者查尔斯·维尔的一篇小文章有助于我们更好地理解这个观点。

维尔指出，当个体工人自己制造手工工具，并且自己在劳动中使用此类工具时，这些工具以及生产出的成果归私人所有，这合情合理。但维尔接着阐述道，现代工业资本是社会的产物，也是社会化运营的。说它是社会的产物，是因为现代工业资本源于科学技术，而科学技术是整个人类社会历经数个世纪孕育出的产物；说它是社会化运营的，是因为现代工业资本需要一支有组织的劳动力队伍才能发挥作用。因此，维尔认为，既然现代工业资本是社会的产物，也是社会化运营的，那么它就应该归社会所有、归集体或国家所有，而由它创造的财富也应该由国家分配给全社会。

说到这里，各种反对意见都来了。我只指出其中最有说服力的几点：资本是社会生产的吗？用于工业资本发明的科学技术，难道不是公共领域的知识吗？这不就是洛克提出的，有足够进取心和创造力并能将其用于生产的人都可以占为己有的共享资源吗？如果是这样的话，那么反对资本私有制的论点就不攻自破了。

如果资本是资本家企业合法获得的，并且资本家支付了工人所要求的劳动报酬，那么财富的生产似乎就不仅仅涉及以“活劳动[①]”或“凝固的劳动”形式存在的劳动这一个要素了。它似乎还涉及另一种截然不同的生产要素——以自然资源和工业机械形式存在的资本工具。如此说来，资本的私人所有者，即使自己不劳动，似乎也是个生产者。而作为生产者，他将有权享有一份生产出来的财富。

随着不断提出的疑问和反对意见，讨论的焦点再次回到《共产党宣言》，我们注意到其中有一个矛盾之处，这为我们开辟了一条新的思路。

一方面，马克思断言，正是生产资料私有制，导致了对劳动的剥削和无产阶级的苦难。既然问题由此产生，那么解决方案也显而易见：废除资本私有制。关于这一点的著名论述如下：

---

① 活劳动，指物质资料的生产过程中劳动者消耗脑力和体力的过程。与之相对的是“死劳动”，也就是前文提到的“凝固的劳动”，指的是资本工具等劳动过程中的物质条件。（译者注）

共产主义的显著特征并不是要废除一般意义上的所有制，而是要废除资产阶级的所有制。但是，现代的资产阶级私有制，是产品生产和占有的最终且最完备的表现形式，这个私有制建立在阶级对立以及少数人剥削多数人的基础之上。

从这个意义上说，共产党人的理论可以概括为一句话：消灭私有制。

仅在一页之后，我们看到了另一段论述，我们常常在研讨会上大声朗读这一段，现在我将它读给你们听：

我们要消灭私有制，你们就惊慌起来。但是，在你们的现存社会里，私有制在十分之九的成员中间已经被消灭了；这种私有制之所以存在，正是因为它对十分之九的成员来说已经不存在。因此，你们指责我们企图消灭一种财产形式，而这种财产形式就是以绝大多数人没有财产为必要条件的私有制。

总而言之，你们指责我们企图消灭你们的财产。一点没错，我们就是要这样做。

你们听懂这段话了吗？你们能理解其中的深意吗？这段话是说，不到十分之一的人口掌握着生产资料。由于相对少数的资本家积累了大量的财富，对于另外十分之九以上的人口而言，生产资料私有制已经形同虚设。

稍加思索就能明白其中的含义：造成经济不公正或不平等的原因并不是资本私有制，而是资本集中在极少数人手中。但如果问题在于资本私有权过于集中，那么解决方案就不是废除私有制，而是通过分散资本的私有权来克服私有权过于集中的问题。

马克思主义者的解决方案正好与此相反。国家掌握所有生产资料，这甚至比资产阶级资本主义制度下，少数人掌握生产资料的集中程度还要高。说到这里，我们不禁想起托克维尔的预言：将所有经济和政治权力集中在中央政府及其官僚手中，可能会造就一个极权国家，在这样的国家里，所有劳动者也许是平等的，但却没有人是自由的。

如果我们的理想是构建一个无阶级的社会，或者至少是一个没有严重阶级冲突、人人平等且自由的社会，那么，虽然听起来可能会有些令人惊讶，能够给我们提供方案以实现这一理想的不是卡尔·马克思，而是美国教育家霍勒斯·曼。他的方案就在我们这次阅读材料的一篇短文里，非常简单的一句话：

不同阶级的资本和劳动本质上相互对立；但同一阶级的资本和劳动本质上亲如兄弟。

这句话意味着建立这样一个共和国——所有公民的收入部分来自资本利润，部分来自劳动所得。在这个保留私有财产和自由企业的经济体制下，每个人既是公民，又是资本家。

讨论至此，我们已经可以区分出四种资本主义形式，进而探究哪种形式最有利于政治民主和个人自由。这四种形式的名称和简要描述如下：

1. 资产阶级资本主义，或19世纪的资本主义，现在仅存在于沙特阿拉伯或玻利维亚等落后国家，资本的所有权掌握在极少数人手中，大多数人很少或根本无法享受经济福利。

2. 国家资本主义，许多人也将其称为共产主义。在这种经济形式下，国家拥有所有生产资料，并通过分配财富使全体成员在一定程度上都能共享经济福祉。

3. 社会化资本主义，或称混合经济，这就是我们在美国、英国、斯堪的纳维亚国家等见到的情形，私营部门和公共部门并存，一定程度保留私有制和自由企业经营，同时伴有详尽的政府措施以确保福利分配。

4. 分散型资本主义，或者叫普遍资本主义，这种经济形式与霍勒斯·曼提出的方案相吻合，但尚未成为现实。在这种经济形式下，人们通过资本所有权，而不是中央政府管控和实施的福利措施来参与经济福利的分配。

需要回答的问题是：如果可以选择，你会倾向于采用这四种资本主义形式中的哪一种作为政治民主的经济基础？你认为哪种形式能够在不牺牲政治自由或个人自由的情况下，同时实现政治平等和经济平等？

对于如何做出抉择，我们前几天在讨论中所学到的一切内容，现在都起着至关重要的作用。现在还剩一天时间和一篇阅读材料来帮助我们做出决定，每个人都可以用自己的方式来做出选择，但有义务为自己的选择阐明理由。

第二个周六（第十二场讨论）

约翰·斯特拉彻：《民主的挑战》

我真希望能有时间来说明一下，最后这次阅读是如何帮助我们将之前所有讨论的线索串联起来的，这并不是说我们一直纠结的问题得到了解决，或者说我们大家达成了一致认同的某些结论。相反，我很满足自己最终能阐述以下几点简要的看法。

约翰·斯特拉彻曾是英国共产党的主要成员，以及马克思主义学说的知名倡导者，他在《民主的挑战》这篇遗作中彻底转变了立场。他在文中写道，政治民主和混合经济更有希望实现共产主义为自己主张的理想——构建一个相对无阶级的社会，人人享有自由、平等以及大量的经济福利。

斯特拉彻的论点极具说服力，但并没有阻止我们在最后这次讨论中重新思考下面这些问题，例如：混合经济是否能克服其内在的螺旋式通货膨胀问题、其充分就业的目标是否会引起误导？混合经济本质上是不是一种不稳定的混合体，必须以牺牲私营部门为代价来扩大公有部门，或者走向相反的方向——摆脱中央政府权力日益集中的状态？

我们注意到，尽管斯特拉彻似乎更青睐代议制民主下的社会化资本主义，而非国家资本主义（或共产主义）下的极权主义，但他内心深处仍然是一个马克思主义者。我们特别注意到他所说的下面这段话：

先进民主社会的人民总会以某种方式来分配国民收入，以满足自身需求。经验表明，他们有多种途径来实现这一点。其中最明显的方式就是调整税收结构，使生产的主要成果不会落入少数人手中，而是直接或间接地让广大民众共享。

我们不禁注意到，这段话明显呼应了《共产党宣言》结尾处的一段著名论述：

工人阶级革命的第一步就是把无产阶级上升为统治阶级——建立民主制度。

这正是平等派 1647 年呼吁的内容，他们当时要求将选举权的范围扩大到无产者。但是我们发现，马克思的论述尚未结束，他继续说道：

无产阶级将利用自己的政治统治一步一步地夺取资产阶级的全部资本，把一切生产工具集中在国家手里……并且尽可能快地提高整体生产力。

当然，这在一开始并不容易做到，除非采取措施，对所有权和资产阶级生产条件实施专制式的破坏。因此，虽然这些措施从经济上看似乎不够充分且站不住脚，但是它们在发展进程中会超越自身，进一步强行破坏旧的社会秩序。作为彻底变革生产方式的手段，它们是不可避免的。

马克思随后列举了“累进税”“废除一切继承权”，以及生产资料归国家所有等一系列措施。所有这一切正是克伦威尔和艾尔顿在 1647 年所担心的，他们担心如果选举权扩大到贫困群体和无产者，这些事情就会发生。我们已经经历了一次完整的循环，但结果与克伦威尔和艾尔顿担心的相反：自克伦威尔军队中那场辩论以来的三百年里，大多数人已经过上富裕的生活、且拥有极大的政治权力，而少数人则从顶端跌落至底层。这就引发了一系列问题，阿斯彭阅读会可能会对此提供一些启示，但却无法给出答案。

附录Ⅲ 青年研讨会——基础教育的关键要素

（节选自《美国学校委员会期刊》1982 年 1 月刊上的一篇文章。）

为年轻人举办关于伟大著作和伟大思想的研讨会，目的是使他们获得智力训练、了解哲学思想，具体需要哪些基本要素呢？首先，让我列举一下必须具备的外部条件；之后我将简短地说明教师——或者称为研讨会的主持人，这个称呼更好——必须做些什么。

（1）讨论小组由不超过 20 或 25 名学生组成，年龄在 12 到 18 岁不等，他们的阅读能力均要达到 6 年级以上水平。

（2）研讨会的时长不能少于两个小时，不能在时长 50 分钟的常规课堂上进行。

（3）研讨会的参与者必须围坐在一张中空的大方桌旁，桌子要足够大，让每个人都能舒适地坐着，能看到研讨会主持人和彼此，和桌子四周及对面的人进行交流也没有障碍。这种研讨会不能在普通教室里进行，即教师站在教室前面，对面坐着一排排学生。

（4）所谓的教师或指导者不应该把自己视为通常意义上的教师或指导者，否则他们就会惨遭失败。要使这种研讨会开得成功，就得把它当作平等者之间的讨论来展开，研讨会的领导人或主持人仅仅在以下几个方面比其他人更有优势：年龄稍长一些；阅读能力稍强一些；读过的书稍多一些；思维能力更严谨一些。

这些优势永远不应该表现得过于明显，否则研讨会就会从平等者之间的讨论（它应该如此）蜕变成说教式的课堂——教师把自己知道的或理解的东西告诉学生，好像他们来这里就是为了不加质疑地接受老师的观点。

研讨会的领导人或主持人必须模仿苏格拉底——特别是模仿苏格拉底佯装不知道正在探询中的那些核心问题答案的反讽手法，而苏格拉底自己就是主要的询问者，也是平等者中间的第一个提问者。

（5）最后，这种研讨会的阅读材料需要满足以下条件：

（a）它们应该与教科书不同，难度要超过学生的理解能力，这样他们才会全力以赴拓展思维去理解它们；

（b）篇幅应该相对较短，一般情况下不得超过50页，通常少于30页，以便人们能够多次仔细通读、做笔记以及写批注；

（c）尽管篇幅较短，但内容必须丰富，这样讨论的主题和提出的问题才足以支撑两个小时的研讨；

（d）因此，阅读材料本质上只能是哲学类文本，而不能仅仅是事实性或知识性的材料，也就是说，它们必须探讨思想观念并提出问题，这些问题的回答不是通过实证或实验性调查、历史调研，或者是查阅百科全书中的事实和相关信息来完成的。换言之，阅读和讨论的目的应该是增进理解，而不是增加知识。

如果上述五个外部要求不能得到充分满足，那么举行这种研讨会就毫无意义。

如果一所学校的行政管理过于僵化，不能打破课堂50分钟的刻板制度，那么这所学校就不是举行这种研讨会的场所。

如果找不到愿意摒弃传统教学方式，也就是那些用讲授而非提问方式教学的教师，或者找不到愿意模仿苏格拉底的指导老师，就不应该试图开设这种研讨会。

我很担心会有许多学校（太多了）无法或不愿满足我上述提及的所有要求。但在我们国家，没有任何一所学校完全不具备或者无法达成这些条件的。在任何一所学校中，总会有足够多的学生能够参加这种研讨会并从中获益，而且研讨会需要的阅读材料学校里应该都有。

现在我要谈谈问题的核心部分。如果我提到的所有外部条件都已充分具备，余下需要明确的就是这种研讨会主持人的作用。他或她应该做些什么，又应该如何做？

（1）首先且最重要的一点是，主持人必须为举行这种讨论会做好一切准备，尽可能仔细地阅读指定的材料，用手中的铅笔划出所有的关键词，这些关键词的含义是必须记住的；标出作者简要阐述其基本论点，并对此提出论据或问题的关键句子或段落；并在页边空白处就文章各部分之间的关联写下阅读笔记。

（2）其次，主持人要随手记下自己想到的并值得研讨的所有要点、问题及议题。

（3）接着，主持人应该仔细审视这些随手写下的笔记，精心拟定几个表达经过仔细推敲的问题，这些问题将成为两小时讨论的核心内容。有时两小时的讨论只需要一个问题就够了，有时需要三四个问题，但很少超过五个问题。

如果问题不止一个，那就应该按次序提出问题，第一个问题引出第二个问题要进一步探讨的内容；第二个问题引出第三个问题要进一步探讨的内容，依此类推。此外，必须保证每一个参与者都能够回答所提的问题；最佳的开场问题是需要桌前所有人依次回答的问题。

（4）主持人决不能满足于别人给出的回答，而是应该不断追问为什么，凡是没有理由来支撑的回答都不应该轻易放过。

（5）主持人决不能放过任何一个发言敷衍的学生，包括貌似在思考并努力回答问题的学生，这种敷衍的发言实际上往往是一派胡言。发言者抱着侥幸心理，希望其中有些话能说在点上。

主持人应该毫不留情地对学生的回答提出如下要求：措辞精准，切中要点；每一个语法细节正确无误；使用的句子语意清晰，甚至段落分明。

最重要的是，主持人决不应该容许任何一个关键词模棱两可或含混不清。谁也不能规定该如何使用词语，但如果两个学生以不同的含义使用同一个词，或一个学生使用某个词的含义与作者或主持人使用这个词的含义不同，那么在讨论继续进行之前，应该明确指出词义的不同并加以标注。

（6）主持人应该坚持要求问题的回答要切题。我的意思是说学生应该努力回答问题，而不是信口开河，想到什么说什么。

向学生提问不同于用简单的铃声提示学生现在轮到他或她发言了，并请他或她随便说几句，而不管是不是答非所问。

（7）如果学生回答问题的方式表明学生并未真正理解问题，主持人就必须尽力用不同的方式重复问题，直到所有人听懂为止。如果做不到这一点，继续讨论就毫无意义。主持人可能需要使用各种各样的具体例子，把讨论的问题阐述清楚。

用各种不同的方式提出同一个问题，并用多种事例来说明问题，这需要主持人付出大量的脑力劳动。主持研讨会绝不是一项轻松或被动的工作，主持人也并非仅仅充当会议主席，任凭参会者随心所欲地发言。

（8）随着讨论的展开，针锋相对的回答就会冒出来，这时，主持人必须让每个人清楚地意识到争论的焦点所在。如果争论的焦点没有明确表达出来，或者大家未能充分理解，争论就无法进行下去。

为了将问题描述清楚，以使辩论进行下去，主持人应该使用黑板，在上面用某种示意图勾勒出争议点的框架，并指出围绕争议点形成的不同意见，以便学生能够辨明自己的立场和维护的观点。

有了多次针对同一阅读材料举办研讨会的经验，主持人就能事先学会怎样绘制示意图，而且常常可以在讨论开始前就把它画在黑板上。用这种示意图的形式呈现时，会用到一些符号，这些符号一开始对学生来说可能就像是象形文字，只有在讨论达到一定程度后，他们才会明白这些符号的含义。

（9）研讨会不应该试图得出所有人都一致同意的结论。恰恰相反，它应该让学生理解需要回答的问题和解决的难题。理解这些问题和这些问题引发的多种答案，才是研讨会的重点，而不是得出这个或那个答案，不论这个答案是多么正确或深刻。

（10）在一系列研讨会中，前一次研讨会上收获的成果，应该用于处理后面研讨会上提出的问题和议题。因此，安排阅读材料的先后顺序和最初阅读材料的选择同等重要。

（11）主持人决不能以居高临下的态度对学生讲话，或者像大多数教师在 50 分钟的课堂上那样对待他们。主持人必须尽最大努力去理解另一个人内心的想法，即便这个学生年纪小得多，但他 / 她也在努力理解一些任何人，包括主持人自己，都难以理解的东西。

（12）主持人要像在餐桌上对待宾客那样，对围坐在桌旁的每一个人都必须耐心且礼貌。主持人还应该身体力行，树立知识礼仪的榜样，使学生们乐意仿效。最重要的是，主持人主持整个研讨会期间应该面带微笑，尽可能多地制造笑点。没有什么能比风趣和欢笑更有助于学习了。

下面是一份大致按时间顺序排列的阅读材料清单。

主持人可以根据连续举办研讨会的次数，选择不同的阅读材料，并按不同的顺序将它们罗列出来。

柏拉图：《申辩篇》《理想国》第一、二卷

亚里士多德：《伦理学》第一卷，《政治学》第一卷，以及卢梭的《社会契约论》第一卷

马库斯·奥勒留：《沉思录》，以及爱比克泰德的《手册》

卢克莱修：《物性论》第一至四卷

普卢塔克：《希腊罗马名人传》中的《亚历山大传》与《凯撒传》

奥古斯丁：《忏悔录》第一至八卷

蒙田：《散文集》（选用短篇散文）

马基雅弗利：《君主论》（精选章节，篇幅宜短小）

洛克：《政府论（下篇）》第一至五章

《独立宣言》《美国宪法序言》和林肯的《葛底斯堡演说》

汉密尔顿、麦迪逊、杰伊：《联邦党人文集》第一至十章

约翰·斯图亚特·密尔：《代议制政府》（选用部分章节）

梅尔维尔：《比利·巴德》，以及索福克勒斯的《安提戈涅》

著作版权合同登记号：01-2025-0429

图书在版编目（CIP）数据

赢在对话：如何说如何听 / (美) 莫提默 · J.艾德勒著；周成刚译. -- 北京：新星出版社，2025. 2.
ISBN 978-7-5133-5938-2

Ⅰ. C912.11-49

中国国家版本馆CIP数据核字第20255RU569号

赢在对话 如何说如何听

[美] 莫提默 · J. 艾德勒 著 周成刚 译

责任编辑 汪 欣
特约编辑 张 辽
责任印制 李珊珊
装帧设计 陆韩万阳

出 版 人 马汝军
出版发行 新星出版社
（北京市西城区车公庄大街丙 3 号楼 8001 100044）
网 址 www.newstarpress.com
法律顾问 北京市岳成律师事务所
印 刷 河北松源印刷有限公司
开 本 880mm x 1230mm 1/32
印 张 10.25
字 数 149 千字
版 次 2025 年 2 月第 1 版 2025 年 2 月第 1 次印刷
书 号 ISBN 978-7-5133-5938-2
定 价 58.00 元

发行公司：010-62605166 总机：010-88310888 传真：010-65270449